EL EJERCICIO DEL PERIODISMO EN LA SOCIEDAD DE LA INFORMACIÓN

El ejercicio del periodismo en la sociedad de la información

Coordinadora
Nuria Muñoz Fernández

Autores
María González Gorosarri
Ingrid Estrella Tutivén
Janeth Pilar Díaz Vera
Patricia Torres Hermoso
Juan Carlos Gil González
Sandra Carbonero Redondo
Mario M. Ordóñez Fernández
José Alberto Fabela Borrego
Gloria Olivia Rodríguez Garay
Alba Rosa Barreth González
Julia Dolores Abifandi Cedeño

Sevilla
2017

El ejercicio del periodismo en la sociedad de la información

Edita: Ediciones Egregius
www.egregius.es

Coordinadora:
- Nuria Muñoz Fernández

Autores:
- María González Gorosarri
- Ingrid Estrella Tutivén
- Janeth Pilar Díaz Vera
- Patricia Torres Hermoso
- Juan Carlos Gil González
- Sandra Carbonero Redondo
- Mario M. Ordóñez Fernández
- José Alberto Fabela Borrego
- Gloria Olivia Rodríguez Garay
- Alba Rosa Barreth González
- Julia Dolores Abifandi Cedeño

Maquetación y diseño: Francisco Anaya Benitez

ISBN 978-84-17270-04-9

ÍNDICE

EL EJERCICIO DEL PERIODISMO EN LA SOCIEDAD DE LA INFORMACIÓN

INTRODUCCIÓN

En pleno siglo XXI, cuando los avances tecnológicos sacuden la era de la información, el periodista, garante de la libertad de prensa debe adaptarse a los nuevos tiempos y aún más a los nuevos formatos. Las nuevas tecnologías, Internet y las redes sociales agitan un universo plagado de estructuras y agentes que se mueven en la telaraña que es hoy en día la información periodística. Aún así, como garantía de un derecho constitucional de todos los ciudadanos, la información se convierte en un ejercicio responsable.

A lo largo de estas páginas, se analizarán los retos del periodista en una nueva vorágine, la de la nueva narrativa multimedia. El periodista tradicional queda a un lado para dejar paso a un nuevo tipo de periodista que ha de adaptarse a los diferentes formatos periodísticos que priman hoy día y que buscan adaptarse a un mercado en el que el consumidor reclama actualidad, calidad e inmediatez.

Los periódicos en papel, los noticieros en radio y televisión dejan paso a un nuevo formato, el de la información veloz, actualizada casi al segundo, que han traído consigo las redes sociales, nuevas herramientas en el ejercicio periodístico. Sin duda, una nueva era en el mundo de la comunicación y de la información y una adaptación completa del periodista a su entorno.

En un entorno en el que la información está al alcance de muchos y la creación de contenidos también, el periodista tiene que adaptarse para configurar un status de la profesión en un mercado en el que cada vez se valora menos la forma de hacer periodismo. Se requiere por tanto, una adaptación al mercado y una puesta en valor de la labor periodística, realizada principalmente por profesionales que a través de su formación constante son capaces de hacer llegar a la audiencia una información veraz.

Este libro aporta una visión global del mundo periodístico a los ojos de sus profesionales, aquellos que día a día buscan crear una información que cumpla con el principal objetivo del periodismo, ser garante de la libertad de los ciudadanos.

Nuria Muñoz Fernández
Universidad de Sevilla

¿PREMIA LA AUDIENCIA LA CALIDAD INFORMATIVA? OFERTA DE LOS MEDIOS Y DEMANDA DE LAS NOTICIAS EN TWITTER

María **GONZÁLEZ GOROSARRI**
Profesora de la Universidad del País Vasco (UPV/EHU)

Resumen

Internet ha homogenizado los medios de comunicación. En Internet ya no hay diferencias en la información de las radios, televisiones, diarios y semanarios: todos ellos compiten por dar en su página web la noticia de última hora. Por eso, han surgido nuevas preguntas: ¿Las noticias más leídas por la audiencia premian la calidad?

Abarcando una muestra de casi quinientas noticias, se ha analizado, de un lado, la calidad de las noticias de los cuatro principales medios en euskara y sus páginas web, para explicar las características de la oferta digital de cada medio. De otro lado, se han analizado las noticias más leídas en esas páginas web y las más difundidas en *Twitter* durante el período analizado, para establecer si se corresponde con la oferta de los medios y determinar si la calidad periodística resulta decisiva en la demanda de información.

Palabras clave

Calidad, calidad periodística, calidad informativa, periodismo de calidad, redes sociales, audiencia

1. INTRODUCCIÓN

Siguiendo la 4ª conclusión del 1er Congreso de Periodismo en Euskara ("Si el periodismo en euskara consigue avanzar, será porque asegura unas garantías mínimas de calidad"), analicé la calidad de las noticias en euskara en la Tesis Doctoral Europea que defendí en 2011: "Albisteen kalitatea: *Euskadi Irratia, Etb1* eta *Euskaldunon Egunkaria / Berria* (Research on Basque Media´s News Quality)". Para ello, analicé tres medios en euskara, desde su creación hasta 2008. De esa manera, incorporé por primera vez las aportaciones académicas de autores alemanes y anglosajones en un único método de medición de la calidad de las noticias. Dicho método señala una escala de cero a diez puntos para cada noticia analizada. Denis McQuail fue el presidente del tribunal de defensa de la tesis europea, validando el método propuesto y calificando la tesis doctoral como Summa Cum Laude.

Desde entonces, la oferta de los medios en euskara se ha ampliado a través de Internet. Ahora ofrecen, además, el servicio de información al minuto (en euskara se ha acuñado la expresión *orainkaria*[1] –"inmediario"[2]- para designar a los medios que ofrecen información actualizada, siguiendo el modelo de "diario", "semanario", etc.). A su vez, el consumo del proyecto informativo principal ha descendido. Sin embargo, en la información ofrecida en Internet no existe diferencia entre radio, televisión, diario o semanario: todos compiten por ofrecer la noticia de última hora en su página web.

Son muchas las ayudas a la investigación que me han permitido dirigir mi labor investigadora hacia la calidad de las noticias. En primer lugar, la beca predoctoral de la Dirección de Política Científica del Gobierno Vasco (2006-2010) resultó fundamental para realizar la tesis doctoral europea, así como dos estancias investigadoras en la Universidad Humboldt de Berlín, de tres meses cada una (2009 y 2010). En segundo lugar, la Universidad del País Vasco (UPV/EHU) financió con una beca posdoctoral que comparara la calidad de los medios vascos con la prensa europea de referencia (2012-2013). Finalmente, gracias a otra beca posdoctoral del Gobierno Vasco, me formé en la Freie Universität de Berlín (2014-2016), donde pude integrar la perspectiva de los profesionales de los medios a mi método de calidad de las noticias. El trabajo que aquí presento es, por lo tanto, resultado de todo lo que la sociedad vasca ha invertido en mi formación e investigación.

---

[1] Término acuñado por la Federación de Asociaciones a favor del Euskara Topagunea y la Agrupación de Medios Locales en Euskara Tokikom.
[2] Propuesta terminológica de la autora.

2. MARCO TEÓRICO SOBRE LA CALIDAD DE LAS NOTICIAS

El concepto de calidad de las noticias hace referencia a la profesionalidad que muestran los periodistas al trabajar la información. Dicho concepto posee diferentes nominaciones, como consecuencia de la dispersión de los trabajos académicos sobre cuestiones de calidad. En total, se impusieron tres denominaciones: calidad del periodismo, calidad del contenido de las noticias y calidad de las noticias. En primer lugar, la calidad del periodismo ("journalistic quality", "Journalistische Qualität", "Publizistische Qualität" o "calidad periodística") aparece ligada a la excelencia de la gestión. En segundo lugar, el término calidad del contenido de las noticias ("news content quality") se empleó para el análisis de las noticias enviadas por las agencias de información. Por último, la calidad de las noticias ("news quality") es un concepto que subraya la responsabilidad social del periodismo, además de incluir los procesos de selecección y elaboración de la información. En consecuencia, en mi investigación empleo el término calidad de las noticias (Bucher, 2003: 11-15; De La Torre & Téramo, 2004: 25-27; González Gorosarri, 2011a: 178-180; Hagen, 1995: 35-41; Schirmer, 2001: 65-67; Vehlow, 2006: 12-24).

Sin embargo, las teorías normativas tradicionales que explicaban el fenómeno comunicativo no permitían medir la calidad de las noticias. El concepto de *media performance* desarrollado por Denis McQuail en 1992 amplió el horizonte de la investigación sobre calidad:

> "The independent assessment of mass media provision according to alternative 'public interest' criteria, by way of objective and systematic methods of research, taking account of other relevant evidence and the normal operating conditions and requirements of the media concerned."
> (McQuail, 1992: 17)

Por ello, el concepto de 'media performance' (la acción de los medios) desarrollado por McQuail integró los trabajos sobre calidad publicados hasta entonces. Los autores escandinavos fueron pioneros en esta línea de investigación académica y crearon el concepto de *informativity*. Al mismo tiempo, la dirección de la investigación en EEUU seguía objetivos comerciales. Por eso, subrayaba la excelencia de la rentabilidad que trae consigo la calidad. La comunidad científica alemana, en cambio, fijó el marco teórico del debate sobre calidad y lo completó articulando varias propuestas metodológicas. En último lugar, en Sudamérica han destacado la responsabilidad social de los medios en relación a las cuestiones de calidad informativa (De La Torre & Téramo, 2004: 48-51; González Gorosarri, 2011a: 215-284; Maurer, 2005: 85-88; Meyer, 2004: 65-76; Pellegrini & Múgica, 2006: 14-17; Rosengren, Carlsson & Tågerud, 1991: 49; Vehlow, 2006: 23-24).

El concepto de *media performance* permitió, además, superar las barreras de los diferentes soportes mediáticos. De esa manera, la calidad de las noticias pasó a analizarse siguiendo las investigaciones *crossmedia*: Internet, radio, televisión y prensa. Los autores alemanes adoptaron el concepto desarrollado por McQuail y analizaron la calidad informativa, porque equipararon la responsabilidad social de los medios con el paradigma sobre *profesionalidad* de tradición alemana (González Gorosarri, 2011a: 218-240; Maurer, 2005: 85-88; McQuail, 1992: 66-68; Vehlow, 2006: 23-24).

3. HIPÓTESIS PRINCIPAL

Internet ha homogenizado los medios de comunicación. Sea cual sea su periodicidad, radios, televisiones y prensa compiten unas contra otras para ofrecer las noticias de ultimísima hora en su página web, intuyendo que la audiencia se decanta por las noticias de mayor inmediatez. Por ello, la hipótesis principal que ha dado origen a esta investigación es la siguiente: la audiencia no considera la calidad de las noticias como criterio de consumo. Para responder a tal hipótesis, este trabajo cuenta con tres Research Questions:

RQ1: ¿Ofrece la versión digital menor calidad informativa que el producto principal?

RQ2: ¿Elige la audiencia anónima noticias más sensacionalistas?

RQ3: ¿Comparte la audiencia twittera noticias de mayor relevancia?

4. METODOLOGÍA

En este apartado señalaré las cuestiones científicas relativas a la presente investigación.

4.1. MÉTODO

La calidad de las noticias se ha medido tradicionalmente mediante el análisis de contenido. Basándome en las aportaciones de autores internacionales (trabajos publicados en inglés, alemán, francés y castellano), desarrollé en mi tesis (2011) el presente método de medición de calidad de las noticias. Para que fuera un método científico, los indicadores se derivan de los valores esenciales de la sociedad, según los definió McQuail, y seguidos por los autores alemanes (Bucher & Altmeppen, 2003; Maurer, 2005; Vehlow, 2006). Además, para que los indicadores escogidos no fueran arbitrarios, los autores exigen que ya hayan sido empleados por lo menos en tres ocasiones (Gladney, 1990: 60). El presente método reunió ambos requisitos. Es más, recibió la calificación de 'summa cum laude' por parte del Prof. Dr. Denis McQuail, presidente del tribunal de defensa de mi tesis doctoral.

El método de evaluación de la calidad de las noticias ofrece los siguientes datos: calidad del formato (aspectos técnicos y errores funcionales o *lapsus clavis*, es decir, errores no gramaticales que obstaculizan la comprensión), calidad de los contenidos (proceso de selección de la información –siguiendo el concepto de *gatekeeping*- y proceso de elaboración de la noticia –relacionado con el concepto de *newsmaking*-). Los indicadores de la parte del formato se cuentan individualmente, no son parte de índice o ratio alguno. Los de calidad del contenido, sin embargo, se miden en un índice de escala de cero a diez puntos: ése será el índice de calidad de las noticias, en sentido estricto.

Presento aquí, a dos columnas, la ficha que he diseñado para medir el contenido de la calidad del contenido: en la columna de la izquierda aparecen las variables periodísticas consideradas –conceptos- y en la de la derecha, los parámetros ligados a los indicadores y el valor adjudicado.

2. Tabla: Índice de calidad de las noticias

ÍNDICE DE CALIDAD DE LAS NOTICIAS	VALORES DECLARADOS
SELECCIÓN	
Origen de la información	Mencionado (1), Indirectamente (0,5), No mencionado(0)
Tipo de fuente	Documentos o personas expertas (1), Fuentes personales identificadas con nombre-apellidos, cargo y contexto (0,8), Fuentes personales identificadas con nombre-apellidos y cargo (0,6), Fuentes personales identificadas con nombre y apellidos (0,4), Ciudadanía anónima identificada con nombre y apellidos (0,2), Fuentes anónimas o ausencia de fuentes (0)
Facticidad	Acontecimiento o suceso (1), Declaraciones (0,5), Anuncio (0)
Actualidad	Tres últimas horas (1), Hoy (0,8), Ayer (0,6), Mañana (0,4), 2-7 días (0,2), Más de una semana (0,1), Sin fecha (0)
Relevancia	Tema: Político (0,5), Social (0,4), Información práctica (0,2), Entretenimiento (0,1), 'Human Touch' (0,01) x Presentación: Gran trascendencia (x2), Temporal: actualidad, seguimiento informativo (x1,5), Imagen o personalización (x1)
ELABORACIÓN	
Precisión titular-texto	Resume o adelanta la noticia (1), Destaca una parte o característica (0,5), Resulta ambiguo (0,25), Es engañoso o no se corresponde con el contenido de la noticia (0)
Profundidad	7W –qué, quién, cuándo, dónde, por qué, cómo y de dónde (*Woher*)- (1), 5W (0,5), 4W (0)
Causalidad	Tres causalidades (1), Dos causalidades (0,75), Monocausalidad razonada (0,5), Monocausalidad no razonada (0,25), Ninguna causalidad (0)
Idoneidad de los elementos complementarios	Muy significativos: 4-5W (1), Significativos: 2-3W (0,5), Función de relleno: 1W (0,25), No tiene (0), No coinciden con el contenido de la noticia (-0,5), No coinciden con el contenido de la noticia y no resultan técnicamente aceptables (-1)
Registro del lenguaje - comprensión	Adecuado (1), Genuino, popular (0,5), Correcto (0,25), No se entiende la primera vez (0), Por cada error ortográfico y gramatical encontrado en el titular, subtítulo, antetítulo, ladillo y pie de foto (-0,2), Por cada error ortográfico y gramatical encontrado en el texto (-0,1)
Selección (5 puntos)	
Elaboración (5 puntos)	
TOTAL (10 puntos)	

Fuente: González Gorosarri (2011a: 285-354).

En la columna de la izquierda de la ficha de trabajo aparecen destacados los dos procesos principales de la noticia: la selección y la elaboración de la información. Cada uno engloba cinco indicadores y cada indicador adjudica un punto a la noticia analizada. En el proceso de selección de la información se distinguen cinco aspectos o indicadores. Cada uno de ellos se evalúa como máximo con un punto: cita del origen de la información, tipo de fuente, facticidad (si la información surge a partir de hechos o de declaraciones), actualidad y relevancia (nivel de interés de la noticia e incidencia). El proceso de elaboración de la información también consta de cinco indicadores. Cada uno se valora, como máximo, con un punto: exactitud entre titular y texto, profundidad (presencia de las 5Ws), aportación de diferentes causalidad, idoneidad de los elementos complementarios (fotografías, infografías, vídeos...) y registro del lenguaje (comprensión y errores gramaticales). En la columna de la derecha de la tabla aparecen los parámetros medibles adjudicados a cada indicador de calidad y el valor más alto que cada uno puedo otorgar.

4.2. TEST DE FIABILIDAD

Después de establecer los parámetros medibles que integrarán el método de evaluación de la calidad de las noticias, resulta esencial certificar la operalización interna del mismo. El test de fiabilidad de Holsti garantiza la capacidad de los codificadores. En mi caso, codifiqué dos veces el 5% de la muestra, dejando un período de dos semanas entre ambas codificaciones (23 de marzo de 2016 y 8 de abril de 2016). Después, apliqué la fórmula de fiabilidad a los resultados:

$$\text{Fiabilidad} = \frac{2\,M}{N1 + N2}$$

En esta caso, M representa las decisiones de codificación coincidentes en ambas series codificadoras. $N1$, en cambio, señala el número de decisiones de codificación recogidas en la primera serie codificadora y $N2$, por último, el número de las recogidas en la segunda. Los expertos exigen un porcentaje de fiabilidad superior al 90% para dar por válida la investigación (Früh, 2001: 60-63; Schrimer, 2001: 75-76; Zabaleta Urkiola, 1997: 226).

Al aplicar la fórmula de Holsti al método de calidad de las noticias, ésta certificó un 95,32% de fiabilidad del mismo. Además, todos y cada uno de los apartados del método superaron la exigencia del 90%.

A pesar de tratarse de un método creado por la investigadora y haberlo aplicado ya desde 2011, resulta indispensable garantizar la fiabilidad de cada investigación realizada, especialmente cuando hay más de un codificador, aunque no sea éste el caso del presente trabajo.

El test de fiabilidad le otorga eficiencia a medir la calidad de las noticias mediante el análisis de contenido. Una vez superó el método el test de fiabilidad, las dudas que pudieran generar los indicadores fueron recogidas en un Libro de Códigos. En ese sentido, el Libro de Códigos es un 'vademecum' donde se recogen las decisiones de codificación.

4.3. UNIVERSO

La presente investigación medirá la calidad de las noticias de cuatro medios: *Euskadi Irratia* –radio pública-, *Etb1* –televisión pública-, *Berria* – prensa diaria- y *Argia* –prensa semanal-. Para ello, además del producto principal de cada medio de comunicación, analizaré también las noticias de su página web y las que mayor interacción en la red social Twitter tuvieron ese día. Así, el universo de esta investigación lo formarán las siguientes noticias: titulares o noticias de portada del producto principal, las diez primera noticias de la página web y las cinco noticias con mayor interacción en Twitter.

El producto informativo de cada medio a analizar será el resultado de un día de trabajo de la información. De esa manera, analizaré el programa 'Goizak gaur' de *Euskadi Irratia* a las 13:00, el informativo 'Gaur egun' de *Etb1* a las 14:00 y los números siguientes de *Berria* y *Argia*. Evaluaré las páginas web siguiendo el orden de las noticias que ofrezcan dichos sitios web, porque la Newsletter de Eitb.eus se envía al correo electrónico de los suscriptores a esa hora. Finalmente, recogeré al día siguiente las noticias con mayor interacción durante el día objeto de la investigación.

2. Tabla: Universo de la investigación y horario objeto de la investigación

Tipo de medio	Medios	Producto principal	Página web	Twitter
Boletín informativo de la radio pública	*Euskadi Irratia* – 'Goizak gaur'	13:00	12:00	24:00
Informativo de la televisión pública	*Etb1* – 'Gaur Egun'	14:00	12:00	24:00
Prensa diaria	*Berria*	Día siguiente	12:00	24:00
Prensa	*Argia*	Siguiente	12:00	24:00

semanal		domingo		

Fuente: Autora.

4.4. MUESTRA

El número de noticias a analizar en cuatro soportes por cada uno de los cuatro medios de comunicación a investigar resultó tan alto, que basaré la muestra de este trabajo en la técnica de muestra de la semana compuesta, para analizar la situación de los medios vascos en 2016. No analizaré las noticias del fin de semana, porque en el caso de Euskal Telebista trabaja un segundo grupo en los informativos y porque los lunes no se publica Berria, es decir, los domingos su redacción permanece cerrada. Además, las páginas web y Twitter experimentan menor movimiento los fines de semana (Früh, 2001: 177-185; Zabaleta Urkiola, 1997: 190-205).

3. Tabla – Semana compuesta

	Lunes	Martes	Miércoles	Jueves	Viernes
Euskadi Irratia – 'Goizak gaur' *Etb1 –* 'Gaur Egun' Eitb.eus Berria.eus Argia.eus @eitb_Albisteak @berria @argia	4 de abril	12 de abril	20 de abril	28 de abril	13 de mayo
Berria	5 de abril	13 de abril	21 de abril	29 de abril	14 de mayo
Argia	10 de abril	17 de abril	24 de abril	1 de mayo	15 de mayo

Fuente: Autora.

En total, en la presente investigación he analizado 415 noticias.

5. ESTUDIO

El primer trabajo que midió la calidad de las noticias en euskara se publicó hace seis años (González Gorosarri, 2011a; González Gorosarri, 2012a; González Gorosarri, 2013). Por eso mismo, esta nueva investigación viene a revisar el camino recorrido desde entonces.

5.1. RADIO, TELEVISIÓN E INFORMATIVO DIGITAL PÚBLICOS: EiTB

Euskadi Irratia y *Etb1* son medios del mismo grupo de comunicación y comparten la página web de noticias Eitb.eus/albisteak. Los medios del grupo EiTB (Euskal Irrati Telebista) cuentan con mayores recursos económicos que el resto de medios de comunicación. Aún así, incluso los medios públicos presentan lapsus que impiden la correcta comprensión y los tres medios muestran una media parecida: *Euskadi Irratia*, 13,04%; *Etb1*, 11,54%; y Eitb.eus, 13,64%. En ese sentido, la radio ha bajado a la mitad el número de lapsus en las noticias desde 2008, mientras que la televisión ha doblado su cifra de entonces: 22,8% y 5,67%, respectivamente.

El 27% de las noticias del boletín informativo 'Goizak gaur' de *Euskadi Irratia* son relativas a deportes, a pesar de que la mayor parte de las mismas se desarrollarán después en un informativo especializado posterior. Después, aparecen las noticias de política y sociedad (el 25% y 22% de las noticias). Sus protagonistas son representantes de las instituciones, ya que el ratio de noticias en las que aparece la oposición es de 4-1. Del mismo modo, dichos protagonistas son hombres y por cada mujer que aparece como protagonista de alguna información aparecen tres hombres. La agenda geográfica que muestra *Euskadi Irratia* es muy cercana, ya que las noticias locales y las de la Comunidad Autónoma Vasca ocupan el 26,09% del boletín. De todas maneras, la información local es referente a las diputaciones forales y no, relativa a las diversas poblaciones. Es más, las noticias sobre Gipuzkoa doblan a las noticias originadas en Bizkaia. La radio ofrece también un amplio reparto sobre las noticias que tendrán incidencia en los cuatro territorios histórico de Hego Euskal Herria (Araba, Bizkaia, Gipuzkoa y Navarra): 21,74% de las noticias. Finalmente, la información originada en España ocupa el 13,04% del informativo y la de los países de la Unión Europea, única información internacional, el 8,69%. En consecuencia, *Euskadi Irratia* ofrece demasiado deporte y, además, muestra mayoritariamente protagonistas y áreas geográficas oficialistas: diputaciones, Gobierno Vasco, representantes del Estado central y Unión Europea (González Gorosarri, 2011b: 308-324).

El informativo de *Etb1* también le dedica tanto tiempo a los deportes como a la economía: 24,41% de las noticias. Después, viene la sección Sociedad (16,98%). Por lo tanto, además del pequeño espacio que ocupa la información política, cabe señalar que las noticias culturales son únicamente el 1,87%. La televisión pública también muestra a los representantes de las instituciones como protagonistas principales de sus noticias (33,96%). Es más, los agentes económicos solamente protagonizan el 5,66% de la información y los agentes culturales ninguna. De esa manera, los representantes institucionales ocupan no sólo la información política, sino que también son los únicos protagonistas de las noticias culturales que ofrece *Etb1*. Sin embargo, resulta de mayor gravedad que el principal protagonista de la información ofrecida en la televisión pública sea ciudadanía anónima: el 28,57% del informativo ("San Prudencio: Salen a celebrar la gran fiesta del patrón de Araba"), en vez de dar voz a los movimientos sociales. Además, por cada mujer que aparece se muestran a seis hombres, a pesar de que la Ley de EiTB de 1982 exige paridad en la información. *Etb1* también dedica la mayor parte de su tiempo a la información cercana (28,57%), pero, al contrario que la radio, la televisión pública no ofrece espacio alguna a las diputaciones, sino a las noticias de sociedad ("Robo en el cementerio: En Iruñea han profanado unas 50 tumbas", "Beriain: Cámara oculta en el vestuario femenino"). En siguiente lugar, debido a la influencia de la organización administrativa del Estado, las noticias de la CAV son el doble de las de Hego Euskal Herria, a pesar de que no todas ellas sean de contenido político ("Implantes de pelo: Aumentan un 76% en Euskadi en la última década", pero "Tasa de desempleo: Baja en la CAV -12,8%-, sube en Navarra"). Las noticias relativas a España ocupan gran espacio, 11,42%: "Incendio en Seseña [Madrid]: El almacén de neumáticos más grande de Europa". Finalmente, las noticias sobre América del Sur son el doble de las europeas. En resumen, debemos recordar que la mitad del informativo de *Etb1* está dedicado a los deportes. Además, los protagonistas principales de todas las secciones informativas son los representantes institucionales, porque la oposición tiene menor acceso y los movimientos sociales, ninguno. Por último, casi un tercios de las noticias está protagonizado por ciudadanos anónimos, que aparecen como protagonistas de la información de la televisión pública.

El informativo digital de ambos medios es quien ofrece mayor cobertura de noticias políticas y culturales (30,43% y %8,69, respectivamente). De la misma manera, apenas aparecen noticias deportivas (4,34%). Al contrario que la radio y televisión públicas, la página web informativa de EiTB ofrece tantas noticias de la oposición como información oficial (19,23% de las noticias). Los agentes culturales también son protagonistas del 11,53% de las noticias, pero los protagonistas principales siguen siendo ciudadanos anónimos: 23,07% ("Corta un árbol con cincel y martillo, para regalárselo a su mujer"). No obstante, Eitb.eus muestra una sobrerrepresentación masculina: por cada mujer que aparece como protagonista de alguna noticia, aparecen cinco hombres. El informativo digital también dedica gran espacio a la información cercana (21,87%), si bien en su mayoría se trata de noticias de la sección de Sociedad ("Nueve personas heridas leves en un accidente en Orozko"). España, en cambio, resulta ser el espacio administrativo más común y no sólo en noticias políticas ("Ha muerto el músico español Manolo Tena"). En ese sentido, por cada noticia de Eitb.eus referente a Hego Euskal Herria, aparecen tres originadas en España. Si bien se trata de un informativo gestionado con dinero público del Gobierno

Vasco, España aparece seis veces más que la CAV. Sin embargo, Eitb.eus es el único medio público vasco donde la información cultural es mayor que la deportiva. Aún así, los protagonistas más frecuentes de sus noticias vuelven a ser ciudadanos anónimos, a pesar de que se trate del informativo donde la oposición tiene mayor cabida. Los movimientos sociales tampoco encuentran voz en Eitb.eus. Por último, debemos subrayar que se trata del informativo más influenciado por la agenda mediática española.

Los tres medios del grupo EiTB muestran potenciales y deficiencias informativas. En lo relativo a la calidad de las noticias, su principal punto fuerte es que las informaciones se basan en acontecimientos (no, en declaraciones) y los titulares resumen correctamente la información de la noticia. La página web, además, cita el origen de la información (agencias, rueda de prensa, etc.), permitiendo la transparencia informativa. Sin embargo, es la televisión quien muestra más noticias de mayor actualidad, porque lo acontecido en las últimas tres horas ocupa el 56,86% del informativo, mientras que en la radio ocupa el 43,48% y en la página web, el 36,36%. En ese sentido, el informativo digital no cumple con su función de "inmediario" ("orainkaria"), ya que el 13,14% de las noticias sucedieron la semana anterior a ser mostradas.

Las actividades periodísticas que menos cuidan los medios de EiTB son las relativas al tipo de fuentes informativas empleadas y la causalidad que muestra la noticia. Quien mayor número de fuentes no profesionales emplea es *Etb1*, donde la ciudadanía anónima informa sobre el 23,61% del informativo. Atendiendo a la causalidad, la página web no ofrece dos perspectivas de la noticia y más de la mitad de las noticias en televisión (50,98%) son informaciones de parte que no incluyen argumentación alguna.

En ese sentido, el índice de calidad de las noticias ha otorgado 5,89 puntos a *Euskadi Irratia*; 5,08, a *Etb;* y 5,26, a Eitb.eus. La radio se impone en la fase de selección de noticias, porque no incluye información deportiva. Además, la causalidad ha resultado decisiva, porque el 13,04% de las noticias de *Euskadi Irratia* ofrecen argumentos de dos posiciones. La radio pública también ha destacado en la profundidad informativa, ya que el 8,69% de las noticias ha incluido las respuestas a las 7 preguntas en W. El informativo de *Etb1* ha conseguido la menor puntuación, porque sólo destaca en un indicador: la idoneidad de los elementos complementarios. Las imágenes que ofrece la televisión pública muestran más respuestas a preguntas en W que los cortes de audio de la radio y las imágenes del informativo digital. Este último ha mostrado debilidades considerables en la relevancia de las noticias, ya que el 18,18% de las noticias versan sobre "human touch" y la mitad de las noticias contienen errores gramaticales. Como hemos señalado previamente, estas debilidades no se corresponden con la inmediatez informativa de Eitb.eus, porque tanto la televisión como la radio le superan en esa función. Comparado con la investigación anterior, la calidad de las noticias de *Euskadi Irratia* y *Etb1* ha mejorado un poco: en 2008, el índice de calidad otorgó a la radio 4,91 puntos y a la televisión, 4,67. Si bien *Euskadi Irratia* consigue los mejores datos respecto a los otros medios en la fase de elaboración de la información, su fortaleza radica en la fase de selección, siguiendo la dinámica de los últimos veinte años. De hecho, los medios públicos vascos no han mejorado el desarrollo de la noticia, sino las cualidades de la información que ofrecen. Dicha información, como hemos visto, no la originan ellos, sino que la recogen de la emitida por las agencias de noticias. En ese sentido, al informar dependientes de las agencias de noticias, les resulta más difícil mejorar la calidad de la elaboración de esa información.

Las noticias seleccionadas por el público mediante sus cuentas de Twitter en relación a @eitbAlbisteak muestran que el modelo informativo de *Etb1* es el más exitoso para la audiencia. El 41,67% de las noticias compartidas se encuadran en la sección Sociedad y están protagonizadas por representantes del Estado o ciudadanos anónimos (28% cada uno). Siguiendo el modelo de Eitb.eus, la paridad de los protagonistas se cuida más por el público de Twitter que en el informativo de *Etb1*: por cada mujer que aparece, cinco hombres protagonizan las noticias. Además, Twitter también rechaza el modelo de la televisión y del informativo digital, porque las noticias más compartidas son las locales (72,72%).

En cuanto al índice de calidad, las noticias de EiTB que mayor incidencia tienen en Twitter son de menor calidad que la del resto de sus medios. El 30% de las noticias de EiTB más compartidas en Twitter tienen como fuente informativa a ciudadanos anónimos, el 22,72% son noticias sin fecha y el 13,63% son informaciones ofrecidas con una perspectiva de "human touch". La elaboración de la elaboración tampoco es algo valorado por la audiencia en Twitter. El 13,64% de las noticias más compartidas no responde a las 5 preguntas en W, casi un cuarto (22,72%) no explica razón alguna de lo acontecido ("30 niños refugiados han sufrido abusos sexuales en Turquía") y casa la mitad de las noticias (44%) contiene algún error gramatical. Sin embargo, la mayor parte de las noticias compartidas se basas en acontecimientos (86%36) y los titulares muestran correctamente el contenido de la información (59,1%).

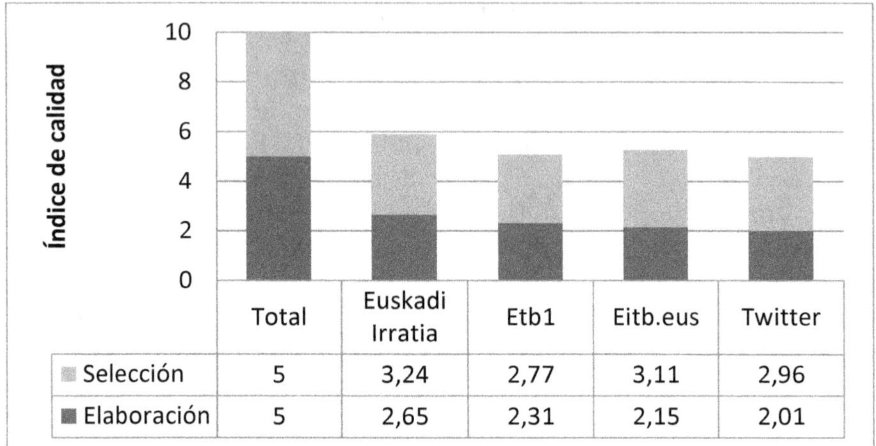

	Total	Euskadi Irratia	Etb1	Eitb.eus	Twitter
Selección	5	3,24	2,77	3,11	2,96
Elaboración	5	2,65	2,31	2,15	2,01

En consecuencia, la audiencia en Twitter selecciona noticias parecidas al modelo informativo de *Etb1* (sección Sociedad y protagonistas anónimos), pero la calidad informativa de las mismas es incluso menor.

5.2. DIARIO *BERRIA*

El diario *Berria* se publica de martes a domingo. La página web de Berria.eus ofrece noticias publicadas por el diario y otras elaboradas durante el día únicamente para el informativo digital. Al contrario que los medios del grupo EiTB, estos dos medios del grupo EKT (Euskarazko Komunikazio Taldea) se financian únicamente a través de las aportaciones de los accionistas, de la venta de publicidad, de la venta de diarios y de las ayudas públicas a favor del euskara.

Tanto *Berria* como la edición digital presentan lapsus clavis (3,45% de las noticias y 29,16%), siendo la más común denominar "ezer abertzalea" ("la nada abertzale") a la "izquierda abertzale" ("ezker abertzalea"), faltando únicamente una "k".

Si nos fijamos en el modelo informativo que ofrece el diario *Berria*, en portada muestra un abanico de noticias de todas las secciones, destacando Economía (24,32%), Política (21,62%) y Cultura (16,21%). Por ello, los agentes culturales tienen gran presencia (15,625%), al igual que los movimientos sociales (15,625%), a pesar de que, al igual que en *Etb1*, los representantes institucionales sean los principales protagonistas de la información (34,375%). La segunda semejanza con la televisión pública es el género de los protagonistas: por cada mujer que aparece protagonizando alguna noticia en la portada de *Berria*, aparecen seis hombres. No obstante, *Berria* sí hace un especial esfuerzo por mostrar Euskal Herria en su totalidad (6,89%), mientras que ofrece el mismo espacio a las noticias originadas en

Hego Euskal Herria, Ipar Euskal Herria (País Vasco francés) y Navarra (3,45%). Sin embargo, la CAV obtiene mayor representación (17,24%).

El portal Berria.eus aumenta la distribución de la sección Política (40%) y, en lugar de noticias culturales, Sociedad ocupa el 20% de las noticias principales, siendo los representantes institucionales los protagonistas principales de la información (46,33%), así como los movimientos sociales (26,67%). En este caso, la brecha de género se dispara: por cada mujer que aparece protagonizando una noticia, Berria.eus muestra dieciséis hombres.

De ese modo, el modelo periodístico de los medios del grupo EKT se basan en acontecimientos sociales, tratados con precisión y en profundidad. El índice de calidad de las noticias otorga 5,62 puntos a la edición en papel y 5,38, a la digital. La diferencia entre ambas ediciones se corresponde con la inmediatez de la página web, ya que el 12,5% de las noticias han surgido en las últimas tres horas y las acontecidas durante el mismo día, %25. Sin embargo, las noticias más antiguas a dos días y a más de una semana son más frecuentes en la página web (16,67% y 8,33%) que en la edición en papel (7,14% y 0%). Además, la versión escrita emplea fuentes informativas de mayor peso. No sólo en el proceso de selección de la información, sino que en el proceso de elaboración también se impone la edición impresa, porque supera en causalidad y ofrece más noticias con tres y dos perspectivas (7,14% y 21,41%), al contrario que la edición digital (0% y 4,167%). De nuevo, la edición digital muestra más errores gramaticales que la impresa (24% y 17,24%, respectivamente). La versión impresa de *Berria* ha mejorado notablemente la elaboración de la información en los últimos años, ya que el índice de calidad de las noticias le otorgaba 3,12 puntos en el proceso de selección y 1,98, en el de elaboración. En total, 5,1 puntos.

Las noticias de *Berria* más compartidas en Twitter muestran, de nuevo, que las preferencias de la audiencia en las redes sociales no se corresponden con el modelo informativo ofrecido por los medios. Las noticias consumidas en Twitter son de menor calidad informativa que las de la edición impresa y la digital. De ese modo, las noticias más compartidas emplean fuentes informativas anónimas en mayor medida (%13,64) y no premian la inmediatez, ya que las noticias acontecidas en las últimas tres horas (15%) se comparten en la misma proporción aquéllas sin fecha (15%) y las de antigüedad superior a una semana (15%). Por primera vez, las noticias que incluyen las 7 preguntas periodísticas en W (15%) son compartidas en la misma proporción que aquéllas que sólo responden a 4Ws (15%), y la mayoría de las noticias ofrece una única versión (80%). No obstante, se trata de noticias basadas en acontecimientos (95%) y no, en declaraciones; originadas por su relevancia política (95%) y que incluyen un título preciso (95%).

2º Gráfico: Calidad de las noticias de *Berria* y Berria.eus

2º Gráfico: Calidad de las noticias de *Berria* y Berria.eus

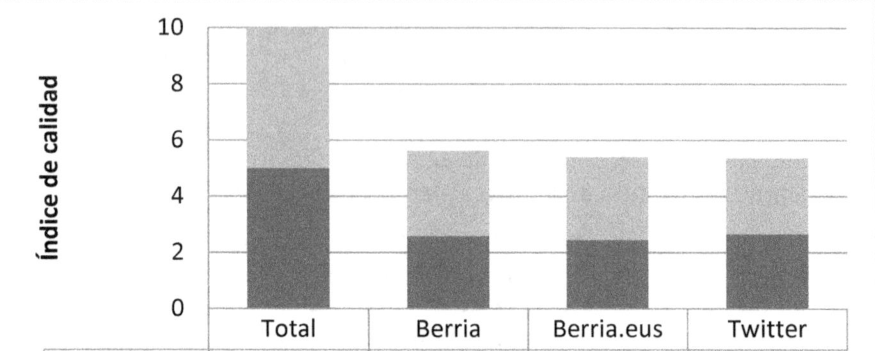

	Total	Berria	Berria.eus	Twitter
Selección	5	3,03	2,94	2,7
Elaboración	5	2,59	2,45	2,66

El índice de calidad confirma que la audiencia no premia la inmediatez de las noticias. Además, tampoco la calidad de la información resulta decisiva.

5.3. SEMANARIO *ARGIA*

El semanario *Argia* es el producto informativo principal del grupo Komunikazio Biziagoa SL. Su edición digital *Sareko Argia* es pionera en Internet, ya que se creó en 1997. *Argia* es propiedad de sus trabajadores, a pesar de que las suscripciones, publicidad y ayudas al fomento del euskara también sean fuentes de ingresos.

Por primera vez, los lapsus clavis fueron más frecuentes en la edición en papel que en la digital (23,53% y 7,69%, respectivamente), siendo el lapsus más común la ausencia de comillas al final de las citas. Además, un día del análisis coincidió las labores de mantenimiento de la página web, lo que retrasó todo un día de trabajo. Sin embargo, las labores de mantenimiento reflejaron la creatividad del equipo de trabajo de *Argia*:

De ese modo, *Argia* se muestra crítica con la versión oficial, presentándose como un medio de comunicación pequeño, indígena y feminista. En la portada del semanario se distinguen noticias de contenido social, cultural y político (36,364%, 27,273% y 24,24%, respectivamente). Los movimientos sociales protagonizan más noticias que los representantes institucionales (25% y 18,75%). Además, es el único medio de comunicación que ofrece paridad de género en la información. En la agenda geográfica también cabe señalar el gran esfuerzo que realiza para reflejar Euskal Herria (11,76%) e interpretar las noticias locales en clave nacional vasca ("Gatika: analizando las razones por las que un pueblo euskaldún ha perdido hablantes").

La página web Argia.eus ofrece mayor contenido político (36,84%) y menor número noticias culturales (5,26%), pero la información internacional tiene mayor cabida (15,79%). El espacio dedicado a los movimientos sociales es casi el doble del de los representantes institucionales (53,85% y 30,77%). No obstante, la página web rompe la paridad informativa de *Argia*, porque, por cada mujer protagonista de la información, aparecen dos hombres. Aún así, se trata no sólo de la página web que mejor cuida la paridad de género en la información (el ratio en Eitb.eus es 1-5 y en Berria.eus, ¡1-16!), sino que también supera al resto de medios (*Euskadi Irratia* muestra una mujer por cada tres hombres; *Etb1* y *Berria*, seis). La agenda geográfica se desplaza de Euskal Herria y las noticias internacionales ocupan el 55,55% de la versión digital (la sección Internacional incluye España, Francia, Unión Europea y América). Sin embargo, prevalece la perspectiva crítica: "Desmantelarán el campamento de refugiados del puerto de Atenas antes de que comience la temporada turística".

Las potencialidades del semanario *Argia* y de su inmediario *Sareko Argia* son las siguientes: cita del origen de la información (para ofrecer información trnasparente), noticias basadas en acontecimientos, titulares de gran precisión, información profunda y que muestra varias causalidades. En cuanto a la profundidad de la información, el 58,82% de las noticias en papel y el 46,15% de las digitales responden a las 7 preguntas en W. De ese modo, la profundidad de las noticias publicadas en la web *Sareko Argia* es superior al resto de informativos digitales (en Eitb.es son el 4,45% y en Berria.eus, el 16,67%) y al resto de medios (en *Euskadi Irratia*n son el 8,69% dira; en *Etb1*, el 3,92%; y en el diario *Berria,* el 35,71%). De la misma manera, las noticias que ofrecen más de dos perspectivas de la información son el 41,18% de las impresas y el 38,46% de las digitales. De nuevo, la edición digital de *Argia* supera al resto de los productos informativos principales (en Eitb.eus, el 0%; en Berria.eus, el 4,167%; en *Euskadi Irratia*, el 13,04%; en *Etb1*, el 1,96%; y en *Berria,* el 28,57%). Así, el índice de calidad otorga 6,63 puntos a las noticias del semanario y 6,36, a las digitales, siendo ambas puntuaciones las más altas de todos los medios analizados. La diferencia entre ambas ediciones radica en la inmediatez, porque el 15,38% de las noticias digitales han surgido ese mismo día. En ese sentido, mientras que la versión impresa se niega a utilizar fuentes anónimas (único medio), en la versión digital tales fuentes están presentes en el 5,88% de las noticias. Además, la diferencia de puntuación entre ambas ediciones no se da sólo en el proceso de selección, sino también en el de elaboración, ya que Argia.eus muestra mayor número de errores gramaticales (30,77% y 23,53%).

De nuevo, las noticias más compartidas en Twitter resultan de menor calidad que las ofrecidas por el propio medio. Si bien @argia es el medio con mayor número de interacciones y presencia en Twitter, el modelo informativo que elige la audiencia es diferente al del producto principal. La mayoría de las noticias compartidas en Twitter por la audiencia versan sobre cuestiones políticas (45%), sus protagonistas no son representantes institucionales, sino miembros de la oposición. Al igual que la cuenta @berria, no hay noticias protagonizadas por mujeres, pero se premia la territorialidad: no hay noticias sobre la CAV, mientras que las noticias que reflejan Euskal Herria son el 8,33% del total, las noticias sobre Navarra superan a las de Hego Euskal Herria, y el 30% de la información tiene contenido local. Al igual que en los casos anteriores, el índice de calidad otorga menor puntuación a las noticias de Argia.eus más compartidas por la audiencia en Twitter que a las ofrecidas por el propio medio.

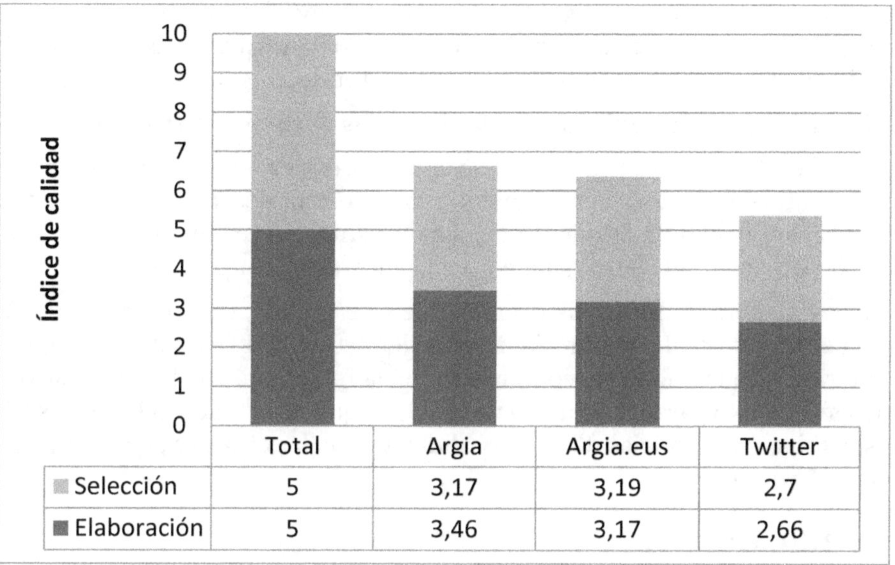

	Total	Argia	Argia.eus	Twitter
Selección	5	3,17	3,19	2,7
Elaboración	5	3,46	3,17	2,66

Si bien la diferencia entre la calidad de las noticias elegidas por la audiencia y las ofrecidas por el medio es considerable, las noticias más compartidas de la cuenta @argia siguen siendo las de mayor calidad, si las comparamos con el resto de medios. De esa manera, la audiencia de @argia consume noticias con una calidad de 5,36 puntos; la de @eitbAlbisteak, de 4,97 puntos; y la de @berria, de 5,15 puntos.

6. CONCLUSIONES

Retomando las Research Questions planteadas al inicio de la presente investigación, atenderemos a la hipótesis principal de este trabajo.

1RQ: ¿Ofrece la versión digital menor calidad informativa que el producto principal?

Los medios online, para informar sobre la ultimísima actualidad, rebajan su calidad informativa. Sin embargo, aunque las noticias de las ediciones digitales de los medios sean de menor calidad que las del producto principal, la página web Argia.eus ha mostrado una actividad periodística más profesional que el resto, superando incluso a la información de la radio y televisión públicas. De ese modo, queda demostrado que, a mayor independencia económica, menor representación institucional y, por lo tanto, mayor número de noticias con valor infomrativo superior, traducido en mayor calidad informativa.

RQ2: ¿Elige la audiencia anónima noticias más sensacionalistas?

La audiencia elige más información protagonizada por ciudadanos anónimos y menos noticias culturales. Las fuentes anónimas, igualmente, son más frecuentes en noticias sensacionalistas. Por el contrario, la inmediatez en la información no ha resultado ser un factor decisivo para la audiencia.

RQ3: ¿Comparte la audiencia twittera noticias de mayor relevancia?

La audiencia no premia la calidad de las noticias, pero su demanda se mantiene paralela a la oferta del medio: a mayo oferta de noticias de calidad, mayor es la demanda de tales informaciones. Además, cuanto más marcada sea la personalidad social del medio, mayor presencia tiene en Twitter.

De esa manera, la hipótesis principal de este trabajo era enunciada de la siguiente manera: La audiencia no considera la calidad de las noticias como criterio de consumo. Tras comprobar que la inmediatez de la información no es relevante para la demanda del público, queda validada la hipótesis de este trabajo: las noticias de mayor calidad no son las elegidas por la audiencia en Twitter.

7. BIBLIOGRAFÍA

- Bucher, H.-J., (2003). "Journalistische Qualität und Theorien des Journalismus". En Bucher, H.-J.; Altmeppen, K.-D., (2003). Qualität im Journalismus: Grundlagen, Dimensionen, Praxismodelle. Wiesbaden: Westdeutscher Verlag, pp. 11-34.

- De La Torre, L.; Téramo, M.T., (2004). La noticia en el espejo. Medición de la calidad periodística: la información y su público. Buenos Aires: Educa.

- Früh, W., (2001). Inhaltanalyse: Theorie und Praxis. Konstanz: UVK Medien.

- González Gorosarri, M., (2013). Albisteen kalitatea: 'Euskadi Irratia', 'Etb1' eta 'Euskaldunon Egunkaria' / 'Berria'. Bilbo: UEU.

- González Gorosarri, M., (2012a). "Albisteen kalitatea: 'Euskadi Irratia', 'Etb1' eta 'Euskaldunon Egunkaria' / 'Berria' ". *Jakin*, núm. 190, pp. 23-55.

- González Gorosarri, M., (2012b). Komunikazio-enpresa: kalitatea, helburu eta xede. Bilbo: UEU.

- González Gorosarri, M., (2011a). Albisteen kalitatea: 'Euskadi Irratia', 'Etb1' eta 'Euskaldunon Egunkaria' / 'Berria' (Research on Basque Media's News Quality). Leioa: UPV/EHU.

- González Gorosarri, M., (2011b). "Euskadi Irratia: Nortasuna + albistegintza-eredua = nortasun-eredua". En VVAA, (2011). The Radio is Dead. Long Live Radio! Ikus-entzunezko Komunikazioa eta Publizitateko 1. Nazioarteko Kongresua. Leioa: UPV/EHU, pp. 308-324.

- González Gorosarri, M., (2006). "Euskarazko tokiko hedabideen kalitatea". *Uztaro*, Núm. 59, pp. 41-61.

- Hagen, L., (1995). Informationsqualität von Nachrichten. Meßmethoden und ihre Anwendung auf die Dienste von Nachrichtenagenturen. Opladen: Westdeutscher Verlag.

- Maurer, T., (2005). Fernsehnachrichten und Nachrichtenqualität: Eine Längsschnittstudie zur Nachrichtenentwicklung in Deutschland. München: Reinhard Fischer.

- McQuail, D., (1992). Media Performance: Mass Communication and The Public Interest. London: Sage.

- Meyer, P., (2004). The Vanishing Newspaper: Saving Journalism in the Information Age. Columbia: University of Missouri Press.

- Pellegrini, S., Múgica, M.C., (2006). "Valor Agregado Periodístico (VAP): la calidad periodística como un factor productivo en un entorno medial complejo". *Palabra Clave*, Núm 9(1), pp. 11-28.

- Rosengren, K.E., Carlsson, M., Tågerud, Y., (1991). "Quality Assessment of Broadcast Programming". *Studies of Broadcasting*, Núm. 27, pp. 21-80.

- Schirmer, S., (2001). Die Titelseiten-Aufmacher der BILD-Zeitung im Wandel: Eine Inhaltsanalyse unter Berücksichtigung von Merkmalen journalistischer Qualität. München: Reinhard Fischer.

- Vehlow, B. (2006). Qualität von Spätnachrichten-Sendungen. München: Reinhard Fischer.

- Zabaleta Urkiola, I. (1997). Komunikazioaren ikerkuntzarako metodologia. Bilbo: UEU.

CAPÍTULO II

EL PAPEL DE LAS TIC EN LA EVOLUCIÓN DE LOS CONTENIDOS AUDIOVISUALES DE LOS CANALES DE TELEVISIÓN DEL ECUADOR

MSc. Ingrid Estrella Tutivén
Mgs. Janeth Pilar Díaz Vera
Universidad de Guayaquil

RESUMEN

El vertiginoso ascenso del uso de internet en Ecuador y la publicación en las redes sociales de los videos grabados por teléfonos celulares o por cámaras de seguridad, ha influido en la manera en la que actualmente los noticieros ecuatorianos elaboran o editan los reportajes que transmiten.

La "viralización" o efecto viral de esas grabaciones ha empujado a directores de contenidos a utilizarlos en las narraciones audiovisuales, para darle realce a las graficaciones y muchas veces son estos videos los que se convierten en el eje de la noticia. Vale señalar que la mayoría de esas grabaciones aficionadas corresponden a temas de crónica roja, con altos índices de violencia, por lo que –algunas veces- los informativos corren el peligro de pasar por alto las normas deontológicas establecidas en la actual ley orgánica de comunicación. Para hacer este estudio se ha tomado una muestra del universo de los canales de televisión de la banda VHF. La muestra corresponde a un canal público (Ecuador TV) y a otro privado (Ecuavisa). Se usará el procedimiento del análisis de contenido y la técnica de la observación para examinar la información de sus noticieros matinales y así inferir cómo las TIC influyen en su contenido informativo. Además, se entrevistará a los directores de ambos noticieros para saber el objetivo por el cuál ellos están utilizando estos recursos digitales en su contenido informativo.

Palabras clave: redes sociales, televisión ecuatoriana, contenido informativo, ley de comunicación, TIC, efecto viral

Introducción y estado del arte

El periodismo debe estar profundamente agradecido con la ciencia y la tecnología, porque han revolucionado esta noble profesión y le han dado herramientas nunca antes imaginadas.

La mayoría de las personas (entre ellas, muchos periodistas) se sienten muy bien al pensar que la información ya no está en manos de unos pocos, de los poderes mediáticos que muchas veces la utilizaron a su antojo y conveniencia. Les reconforta saber que desde las personas más humildes hasta los más adinerados tienen acceso a la información y pueden comunicarse a través de las herramientas multimedia, algo que nunca antes había sucedido con los medios tradicionales, debido a que que estos -limitados por el tiempo y el espacio, o sus propios intereses (políticos, económicos o rating)- siempre han elegido lo que van a publicar o transmitir a sus audiencias, rechazando el resto.

Es en este contexto donde se desenvuelve el periodista moderno, en una época donde todas las personas sienten el deseo de informar, de dar a conocer algún suceso y situación con la mayor velocidad posible. Sin embargo, por mucho que un ser humano divulgue un suceso rápidamente, gracias a las herramientas provistas por internet, eso no significa que ya es periodista. Y de allí nace el actual reto del comunicador profesional: informar de manera diferente, contextualizando la información, verificándola a través de sus fuentes, para así diferenciarse del periodista-ciudadano.

Sin embargo, la información que fluye a raudales en las redes y que son publicadas por millones de personas que tienen acceso a internet y a un celular inteligente (smartphone) está siendo cada vez más aprovechada por los medios tradicionales, especialmente por la televisión, que "echa mano" de los videos que muchas veces filtran, de manera exclusiva, los internautas.

De esta manera la opinión pública ha podido conocer imágenes de hechos que sucedieron en cierto lugar y que ninguna cámara de algún medio pudo captarlas. Es un fenómeno cada vez más común.

Pero, las redes sociales -desde su nacimiento- fueron una gran fuente de información para los informativos. Basta mencionar a Twitter, la herramienta más utilizada por los periodistas para mantenerse al tanto de todo lo que acontece en el mundo y hasta para conocer, de "cuentas oficiales", información primaria verídica, que puede ser publicada. Esto, debido a que casi todos los gobernantes del mundo y otros líderes internacionales (como el Papa Francisco) exponen sus actividades, boletines de prensa e información importante, a través de la red del pajarito azulado. Dichos mensajes son capturados por los diseñadores gráficos de los medios, que los convierten -a través de programas sofisticados- en piezas visuales que pueden ser insertadas en los reportajes.

Darío Gallo, periodista y editor ejecutivo de la revista argentina "Noticias", opina que los comunicadores y Twitter están íntimamente ligados y que esta red es más eficiente y rápida que las agencias de noticias. Pone como ejemplo la huelga policial que ocurrió en su país en el año 2013 y que propició, durante esa madrugada, una avalancha de saqueos y robos que solo fueron registrados por Twitter. (Gallo, 2014)

Redes como esta y otras más, especialmente Facebook y Whatsapp, tienen una gran influencia sobre la agenda diaria de los medios y hasta dan a pie a importantes temas de investigación. En nuestro país podríamos mencionar varios casos. El más reciente involucró a una exjueza de la función judicial del Ecuador, Lorena Collantes, quien -en estado etílico- protagonizó un escándalo al insultar, golpear y amenazar de muerte a varios policías que la detuvieron por negarse a pagar la cuenta en un restaurante. Varios videos de ese momento fueron difundidos en las redes sociales y se viralizaron inmediatamente. Las imágenes también fueron utilizadas por los medios de comunicación para difundir el suceso. Actualmente, la exjueza ha sido llamada a juicio y los policías que difundieron los videos en las redes también están siendo investigados. (TC Television & Teleamazonas, 2016)

Otro caso que escandalizó a la opinión pública y tuvo repercusión en las redes sociales fue el asesinato de un taxista en la ciudad de Portoviejo (Manabí, Ecuador), en mayo de 2014. El hecho sangriento fue grabado por las cámaras de seguridad que tenía el vehículo, en un video que luego fue difundido en internet por otros policías. Las fuertes imágenes fueron utilizadas por noticieros que se transmiten después de las 10 de la noche, en horario solo para adultos, aunque se utilizaron efectos para distorsionar las escenas más fuertes.

En lo que respecta a la interactividad, característica principal de las redes sociales, ya es muy común que en los canales de televisión, incluyendo los de Ecuador (sobre todo en los noticieros matutinos) se dé un espacio importante a la lectura de los mensajes vía redes sociales que envían los televidentes, en tiempo real. Además, hay segmentos especiales donde se muestran los videos más populares (virales) que ese día, o semana, se han compartido en las redes. Uno de los canales analizados en esta investigación es Ecuavisa, que durante la emisión matutina de su informativo, Televistazo, utiliza videos virales de accidentes o hechos insólitos ocurridos en el mundo. Para ello tiene tres segmentos, que son: "Captados por la cámara", "Mundo animal" y "Los más virales".

Beatriz Cerviño Queiroz, en su artículo denominado "El uso de las redes sociales como fuente de información para los periodistas" hace énfasis en el hecho de que, desde que surgieron, las redes sociales pasaron a formar parte de las salas de redacción de los medios tradicionales, tal como lo habían sido antes los correos electrónicos y las agencias de noticias. Además, propone repensar la clásica teoría de la Agenda Setting, planteada por Maxell McCombs y Donald Shaw, quienes indicaban que la información publicada o dada a conocer por los medios es de la que hablarán o influirá en sus audiencias. Todo lo demás será ignorado. Mas, frente a la explosión de las redes sociales y su uso cada vez más popular, parece que esta realidad está cambiando. Ahora es muy común que los *mass media* sean los que hablen y centren su atención en lo que en las redes sociales se publica, es decir, en lo que la comunidad informa.

> ...la rapidez de actualizaciones en Internet dificulta un estudio preciso sobre quién establece la agenda de quién en la Internet. El propio autor de la teoría, Maxwell McCombs, en un artículo más reciente en el cual actualiza su teoría a la luz de las nuevas tecnologías, admite que la "direccionalidad de la influencia en la formación de la agenda es realmente algo difícil de determinar, porque los ciudadanos y los sitios de redes sociales están en contactos múltiples, así que el establecimiento de una única direccionalidad se torna algo muy complicado" (McCombs, 2005). Por consiguiente, hacer simplemente un estudio comparativo entre los temas más citados en las redes sociales y lo que es noticia en los periódicos sería pasar por alto esta doble direccionalidad de influencias en la formación de agendas. (Queiroz, 2013)

Pero en medio de esta vorágine informativa, los medios tradicionales tienen que ser muy cuidadosos para no infringir los códigos deontológicos, éticos, inherentes a la actividad periodística, y en el caso ecuatoriano, cuidarse de no violar la ley orgánica de comunicación, el marco legal en el que se desarrolla el periodismo nacional.

El comunicador no debe perder ni desechar los preceptos de siempre, del periodismo tradicional: la contextualización, contrastación y verificación de la información que va a publicar o transmitir. Además, tiene que velar por no caer en el morbo o atentar contra la dignidad de las personas, normas contempladas en el artículo 10 de la mencionada ley, que a continuación detallamos:

Art. 10.- Normas deontológicas.- Todas las personas naturales o jurídicas que participen en el proceso comunicacional deberán considerar las siguientes normas mínimas, de acuerdo a las características propias de los medios que utilizan para difundir información y opiniones:

1. Referidos a la dignidad humana:

a. Respetar la honra y la reputación de las personas;

b. Abstenerse de realizar y difundir contenidos y comentarios discriminatorios; y,

c. Respetar la intimidad personal y familiar.

2. Relacionados con los grupos de atención prioritaria:

a. No incitar a que los niños, niñas y adolescents imiten comportamientos perjudiciales o peligrosos para su salud;

b. Abstenerse de usar y difundir imágenes o menciones identificativas que atenten contra la dignidad o los derechos de las personas con graves patologías o discapacidades;

c. Evitar la representación positiva o avalorativa de escenas donde se haga burla de discapacidades físicas o psíquicas de las personas;

d. Abstenerse de emitir imágenes o menciones identificativas de niños, niñas y adolescents como autores, testigos o víctimas de actos ilícitos; salvo el caso que, en aplicación del interés superior del niño, sea dispuesto por autoridad competente;

e. Proteger el derecho a la imagen y privacidad de adolescentes en conflicto con la ley penal, en concordancia con las disposiciones del Código de la Niñez y Adolescencia; y,

f. Abstenerse de emitir contenidos que atenten contra la dignidad de los adultos mayores, o proyecten una visión negativa del envejecimiento.

3. Concernientes al ejercicio profesional:

a. Respetar los presupuestos constitucionales de verificación, oportunidad, contextualización y contrastación en la difusión de información de relevancia pública o interés general;

b. Abstenerse de omitir y tergiversar intencionalmente elementos de la información u opiniones difundidas;

c. Abstenerse de obtener información o imágenes con métodos ilícitos;

d. Evitar un tratamiento morboso a la información sobre crímenes, accidentes, catástrofes u otros eventos similares;

e. Defender y ejercer el derecho a la cláusula de conciencia;

f. Impedir la censura en cualquiera de sus formas, independientemente de quien pretenda realizarla;

g. No aceptar presiones externas en el cumplimiento de la labor periodística;

h. Ejercer y respetar los derechos a la reserva de fuente y el secreto profesional;

i. Abstenerse de usar la condición de periodista o comunicador social para obtener beneficios personales;

j. No utilizar en provecho propio información privilegiada, obtenida en forma confidencial en el ejercicio de su función informativa; y,

k. Respetar los derechos de autor y las normas de citas.

4. Relacionados con las prácticas de los medios de comunicación social:

a. Respetar la libertad de expresión, de comentario y de crítica;

b. Rectificar, a la brevedad posible, las informaciones que se hayan demostrado como falsas o erróneas;

c. Respetar el derecho a la presunción de inocencia;

d. Abstenerse de difundir publireportajes como si fuese material informativo;

e. Cuidar que los titulares sean coherentes y consistentes con el contenido de las noticias;

f. Distinguir de forma inequívoca entre noticias y opiniones;

g. Distinguir claramente entre el material informativo, el material editorial y el material comercial o publicitario;

h. Evitar difundir, de forma positiva o avalorativa, las conductas irresponsables con el medio ambiente;

i. Asumir la responsabilidad de la información y opiniones que se difundan; y,

j. Abstenerse de realizar prácticas de linchamiento mediático, entendiendo por tales, la difusión de información concertada y reiterativa, de manera directa o por terceros, a través de los medios de comunicación destinada a desprestigiar a una persona natural o jurídica o reducir su credibilidad pública.

Un caso con el que se puede ilustrar lo analizado en líneas anteriores, tiene que ver con la sanción que le impuso la Superintendencia de la Información y Comunicación (Supercom) al programa Jarabe de Pico, un espacio de farándula (prensa rosa), que emite el canal Teleamazonas (VHF), durante las tardes. El pasado 5 de septiembre (2016), dicho programa transmitió imágenes que fueron grabadas y publicadas en las redes sociales por personas que vieron cómo una reconocida expresentadora de televisión gritaba desnuda y aparentemente ebria o drogada, en los exteriores de un motel de Guayaquil. La periodistas aseguraba que había sido citada al motel por su expareja y que allí él la había agredido físicamente. Supercom sancionó al canal por haber infringido el artículo 65 al difundir contenido inadecuado en horario familiar.

> El artículo 65 de la LOC hace referencia a la clasificación de audiencias y franjas horarias y establece tres tipos de audiencias con sus correspondientes franjas horarias para la programación de los medios de radio y televisión que son: Familiar, de 06:00 a 18:00 e incluye a todos los miembros de la familia (clasificación A, apta para todo público); de Responsabilidad compartida, conformada por personas de 12 a 18 años con supervisión de personas adultas, de 18:00 a 22:00 (clasificación A y B); y, Adultos, conformada por mayores de 18 años, de 22:00 a 06:00 (programación clasificada con A, B y C). (Supercom, 2015)

Luego del debido proceso, donde Teleamazonas tuvo la oportunidad de defenderse, Supercom determinó la falta y sancionó al canal con una multa equivalente a diez salarios básicos.

Volviendo al caso tratado en párrafos anteriores, de la difusión del asesinato de un taxista de la ciudad de Portoviejo, a manos de un policía activo, el Consejo de Regulación y Desarrollo de la Información y Comunicación (Cordicom), emitió un exhorto a los canales de televisión para que dejen de publicar, ni siquiera en horario para adultos, las imágenes tomadas de redes sociales donde se mostraba el momento del crimen.

> ...cuestionamos la difusión inapropiada en redes sociales y algunos medios de comunicación del video en el que se muestra fríamente el asesinato del ciudadano portovejense, José Moreira Zambrano. Publicar y difundir este tipo de contenidos carece de justificación y muestra una clara falta de ética, especialmente si el pretexto es informar de un hecho en el que no era imprescindible mostrar semejante acto de crueldad. Las imágenes extremadamente violentas, les recordamos a los responsables de contenidos mediáticos, pueden inducir no solo a la naturalización de la violencia sino a la normalización de la indiferencia.
>
> Ante el dolor de la familia de José Moreira Zambrano, declaramos nuestra solidaridad pública, por lo que consideramos una acción desconsiderada con los familiares del fallecido, que incluso podrían significar una vulneración a su derecho a la intimidad. Ratificamos nuestro desacuerdo con la filtración y mal uso de este tipo de grabaciones, por no mencionar que aparentemente se habría producido la ruptura de la cadena de custodia del caso.
>
> Quienes estamos comprometidos con los derechos a la comunicación, la solidaridad y la cultura de paz, no podemos silenciarnos ante este tipo de prácticas, que nos obligan a reflexionar sobre la responsabilidad de los medios de comunicación como agentes activos de socialización, y de todas las instituciones públicas involucradas en la sensibilización y prevención de la difusión de contenidos truculentos o que induzcan a la violencia. (Cordicom, 2014)

METODOLOGÍA

El enfoque de esta investigación es mixto, cualitativo y cuantitativo. Como el tema que incumbe al presente estudio es el papel de las TIC en la evolución de los contenidos audiovisuales de los canales de televisión del Ecuador se ha usado la técnica de la observación, para analizar los contenidos de los noticieros que se transmiten en dos medios que han sido escogidos como muestra, estos son Ecuavisa (privado) y Ecuador TV (público). El proceso de observación se realizó durante los últimos cuatro días laborables del año 2016: 27, 28, 29 y 30 de enero. Los noticieros observados fueron Televistazo (Ecuavisa) y Noticiero 7 (EcuadorTV), que llegan a todo el territorio nacional. El objetivo era comprobar si ambos informativos usan las redes sociales como fuente y si al utilizarlas cumplen o no con lo que establece la ley orgánica de comunicación, que entró en vigor en junio de 2013.

Además, durante la investigación se logró entrevistar a los directores de ambos noticieros, para que ellos expresen su opinión sobre el cada vez más común uso de las redes sociales en las salas de redacciones y en la elaboración de las notas periodísticas.

ANÁLISIS DE LOS RESULTADOS

3.1. Resultados de las entrevistas

Para Carlos Galecio, director del noticiero estelar de Ecuavisa (Televistazo 20H00), la utilización del "famoso video aficionado" se ha convertido en pieza clave en la presentación de noticias, sobre todo cuando esa imagen ha generado conmoción, asombro o notoriedad, en resumen, se ha viralizado en las redes sociales. Carlos afirma que en el medio que trabaja siempre utilizan la etiqueta "video aficionado" para justificar la baja calidad de la imagen, la cual solo muestran cuando es realmente necesario. Añade que la utilización de estos videos le dan un mayor nivel de profundidad de contenido, por cuanto muchas veces muestran el momento del hecho que se ha convertido en noticia. Esto, en contraste a lo que sucedía anteriormente, cuando los canales solo podían mostrar lo que sus camarógrafos habían captado luego de ocurrido el suceso, o lo que entregaban las agencias de noticias. (Estrella, 2017b)

Por su parte, el Director Nacional de Noticias de EcuadorTV, Alex Mora, afirma que las redes sociales no solo se convierten en una fuente para los medios, sino que su uso es un gran reto para los periodistas, porque deben valorar y clasificar responsablemente la información que van a utilizar en sus notas periodísticas. Precisa que se debe ir a fuentes que pueden ser verificadas o consideradas confiables. Alex indica que en EcuadorTV se utiliza el Twitter o el Facebook para seguir a fuentes oficiales, como las cuentas de los mandatarios. Además, asegura que la rapidez con la que se comparte la información en redes es útil para los comunicadores, siempre y cuando sepa utilizarse con responsabilidad. (Estrella, 2017a)

3.2. Resultados de la observación a los noticieros

Las preguntas estuvieron encaminadas a determinar si los noticieros de Ecuavisa y Ecuador TV utilizan videos tomados de las redes sociales; con qué frecuencia y si al hacerlo respetan las normas deontológicas establecidas en el artículo 10 de la ley de comunicación. En el caso de Ecuavisa se analizaron las emisiones de Televistazo del mediodía (13H00) y estelar (20H00) de los días 27, 28, 29 y 30 de diciembre. En referencia a EcuadorTV se escogieron las emisiones del amanecer, mediodía y estelar, durante esos mismos días.

Para el análisis se elaboró el siguiente cuadro de variables e indicadores para valorar el uso de los videos extraídos de las redes.

HORARIO DEL NOTI-CIERO					
EN QUÉ SEGMENTO SALIÓ EL VIDEO DE REDES SOCIALES					
CRÓNICA ROJA					
POLÍTICA					
FARÁNDULA					
INTERNACIONAL					
DEPORTES					
TIPO DE IMÁGENES QUE MOSTRÓ EL VIDEO					
HECHOS SEXUALES					
ACCIDENTES					
PELEAS					
ROBOS					
OTROS (INDICAR)					
SE INDICÓ DE QUÉ RED SOCIAL SE OBTUVO EL VIDEO					
SÍ			INDIQUE NOMBRE DE RED SOCIAL		
NO					

Los resultados de la observación se detallan a continuación en los siguientes gráficos y tablas:

1. ¿En qué segmento salió el video de redes sociales?

Tabla 1. *Video de redes sociales*

Nombre del noticiero: Noticiero 7			
Horario de transmisión: 06:30 – 07:00			
	Mes de diciembre/2016		
Segmento	Martes 27	Miércoles 28	Jueves 29	Viernes 30
Crónica roja				
Política				X
Farándula				
Internacional		X	X	
Deportes		X		

Fuente: Ecuador TV, Noticiero 7.

Figura1. Video de redes sociales

Durante estos cuatro días, EcuadorTV utilizó videos de redes sociales en los segmentos de política, noticias internacionales y deportes.

2. ¿Qué tipo de imágenes mostró el video?

Tabla 2. Tipo de imágenes

Tipo de imágenes	Nombre del noticiero: Noticiero 7			
	Horario de transmisión: 06:30 – 07:00			
	Mes de diciembre/2016			
	Martes 27	Miércoles 28	Jueves 29	Viernes 30
Hechos sexuales				
Accidentes		x		
Peleas				
Robos				
Otros (indicar)		x	x	x

Fuente: Ecuador TV, Noticiero 7.

Figura 2. Tipo de imágenes

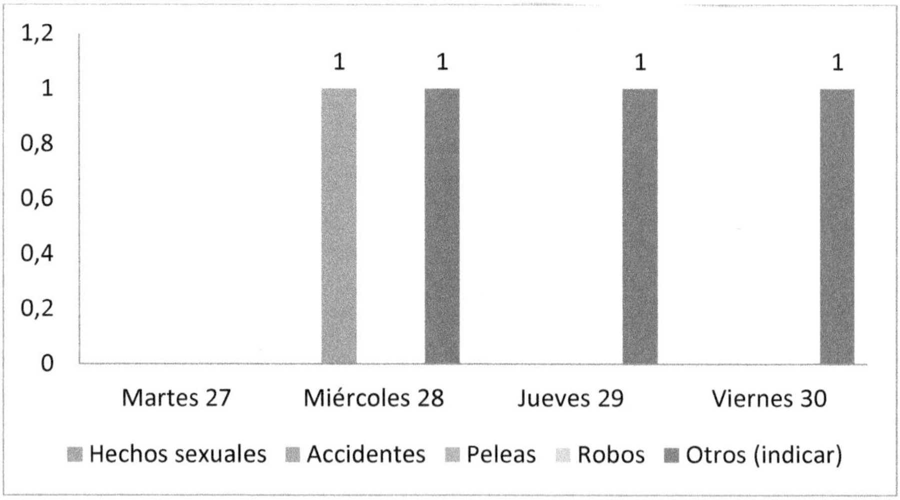

En su mayoría, las imágenes extraídas de redes sociales fueron relacionadas al accidente aéreo donde murieron los jugadores del equipo brasileño Chapecoence. Fueron tomadas de las redes de los futbolistas fallecidos, donde quedaron registrados sus últimos momentos de vida y la emoción que sentían porque iban a jugar la final de la Copa Sudamericana. Otros videos fueron de eventos deportivos. Solo uno involucró a un tema político y judicial: se trató de la grabación donde se observa a funcionarios públicos realizando una fiesta en una casa incautada a un involucrado en un caso de corrupción. Ninguno de los videos tuvo contenido que pueda ser tachado de morboso, discriminatorio o violento.

3. ¿Se indicó de qué red social se obtuvo el video?

Tabla 3. *Origen del video*

| | Nombre del noticiero: Noticiero 7 | | | |
| | Horario de transmisión: 06:30 – 07:00 | | | |

Tipo de imágenes	Mes de diciembre/2016			
	Martes 27	Miércoles 28	Jueves 29	Viernes 30
Si				
No		X	X	X

Fuente: Ecuador TV, Noticiero 7.

Figura 3. Origen del video

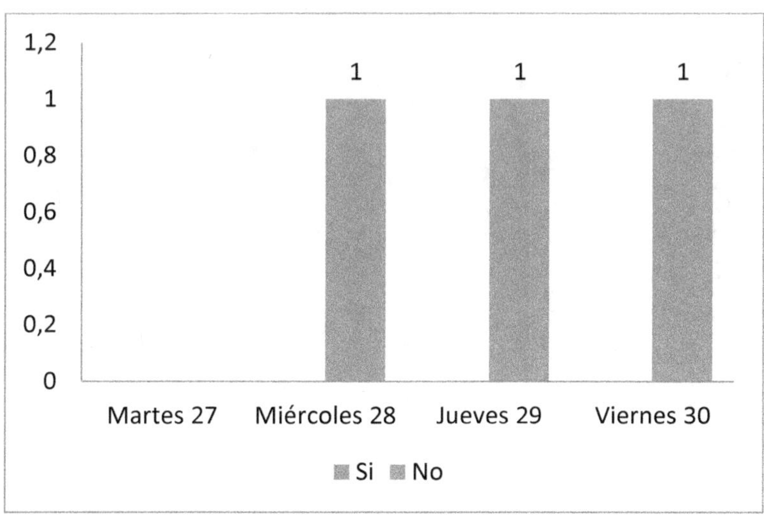

De lo observado se pudo determinar que en ninguno de los casos se dio a conocer la fuente de donde se extrajo el video que fue mostrado en los diferentes segmentos. No se usaron barras o gráficos (generador de caracteres) para indicar la fuente.

4. ¿En qué segmento salió el video de redes sociales?

Tabla 4. Video de redes sociales

	Nombre del noticiero: Noticiero 7			
	Horario de transmisión: 13:45 – 14:30			
Segmento	Mes de diciembre/2016			
	Martes 27	Miércoles 28	Jueves 29	Viernes 30
Crónica roja				
Política			X	
Farándula				
Internacional		x		
Deportes				

Fuente: Ecuador TV, Noticiero 7.

Figura 4. Video de redes sociales

Durante la transmisión del Noticiero 7, en el horario de 13:45 – 14:30 se observaron videos extraídos de redes sociales en los segmentos de política y noticias internacionales.

5. ¿Qué tipo de imágenes mostró el video?

Tabla 5. *Tipo de imágenes*

	Nombre del noticiero: Noticiero 7			
	Horario de transmisión: 13:45 – 14:30			
Tipo de imágenes	Mes de diciembre/2016			
	Martes 27	Miércoles 28	Jueves 29	Viernes 30
Hechos sexuales				
Accidentes				
Peleas				
Robos				
Otros (indicar)		x	x	

Fuente: Ecuador TV, Noticiero 7.

Figura 5. Tipo de imágenes

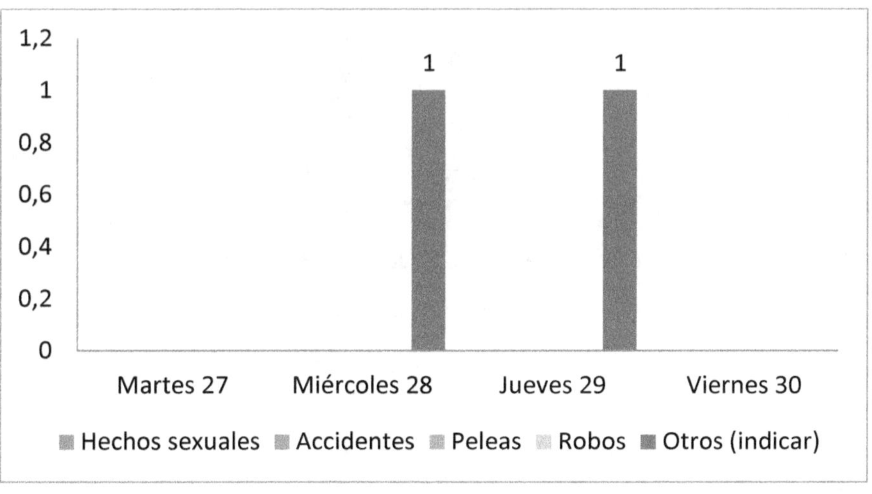

En la transmisión del Noticiero 7, en el horario de 13:45 – 14:30, los videos que se usaron correspondieron a la evacuación de la torre Trump por una falsa alarma; y nuevamente repitieron las imágenes de los funcionarios que utilizaron una casa incautada para hacer una fiesta. Las imágenes no contenían escenas morbosas, violentas ni discriminatorias.

6. ¿Se indicó de qué red social se obtuvo el video?

Tabla 6. *Origen del video*

Nombre del noticiero: Noticiero 7			
Horario de transmisión: 13:45 – 14:30			
Tipo de imágenes	Mes de diciembre/2016		
	Martes 27	Miércoles 28	Jueves 29	Viernes 30
Si				
No		x	x	

Fuente: Ecuador TV, Noticiero 7.

Figura 6. Origen del video

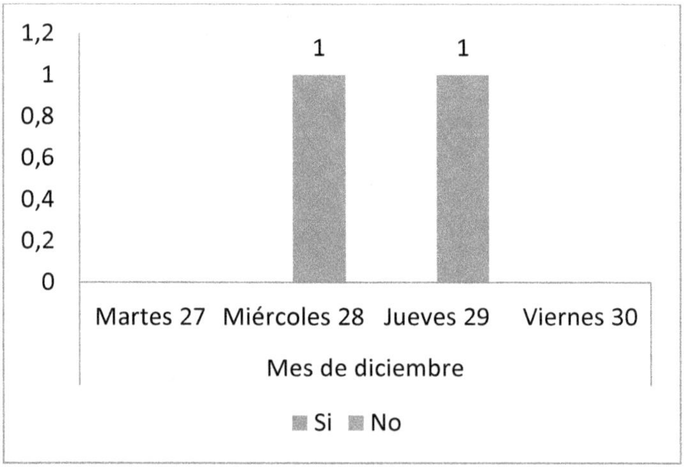

Se observó que en la transmisión del noticiero en el horario 13:45 – 14:30, no se dio a conocer la fuente de donde se extrajo el contenido audiovisual presentado.

7. ¿En qué segmento salió el video de redes sociales?

Tabla 7. *Video de redes sociales*

Segmento	Nombre del noticiero: Noticiero 7 Horario de transmisión: 19:00 – 19:30 Mes de diciembre/2016			
	Martes 27	Miércoles 28	Jueves 29	Viernes 30
Crónica roja				
Política				
Farándula				
Internacional	x	x		
Deportes				

Fuente: Ecuador TV, Noticiero 7.

Figura 7. Video de redes sociales

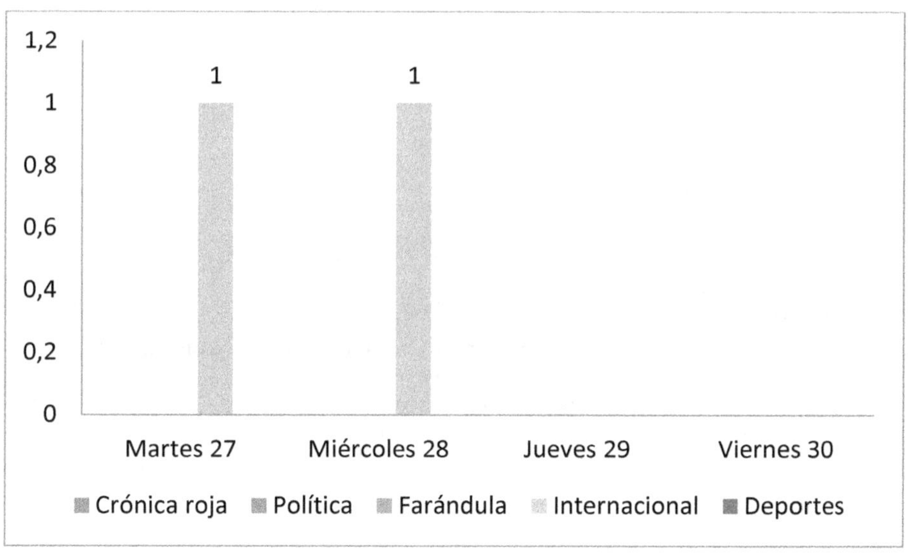

Durante la emisión estelar del Noticiero 7 (19:00 a 19:30), en los cuatro días observados, solo se usaron dos videos tomados de redes sociales el segmento de internacional. Fueron los días martes 27 y miércoles 28.

8. ¿Qué tipo de imágenes mostró el video?

Tabla 8. Tipo de imágenes

Nombre del noticiero: Noticiero 7			
Horario de transmisión: 19:00 – 19:30			
Tipo de imágenes	Mes de diciembre/2016		
	Martes 27	Miércoles 28	Jueves 29	Viernes 30
Hechos sexuales			
Accidentes	x		
Peleas			
Robos			
Otros (indicar)		x	

Fuente: Ecuador TV, Noticiero 7.

Figura 8. Tipo de imágenes

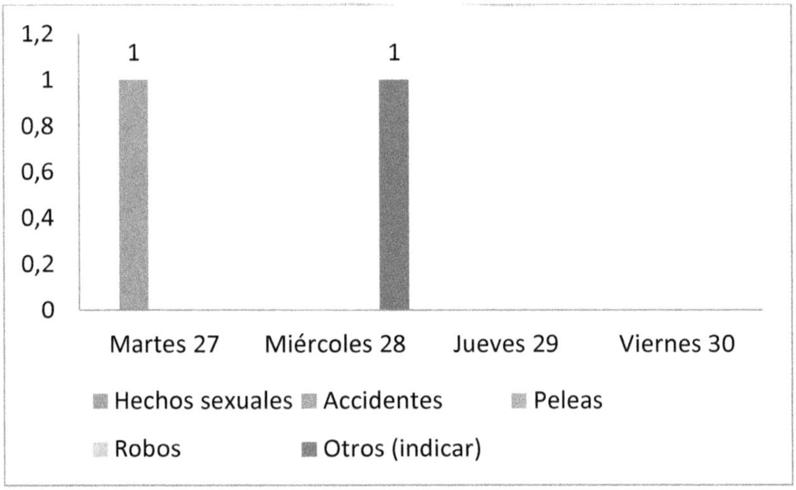

Los dos videos mostrados en la emisión estelar del Noticiero 7 se refirieron al accidente aéreo que ocurrió en Rusia (donde fallecieron 92 personas) y a la caída de un meteorito en Guatemala.

9. ¿Se indicó de qué red social se obtuvo el video?

Tabla 9. Origen del video

Tipo de imágenes	Mes de diciembre/2016			
	Martes 27	Miércoles 28	Jueves 29	Viernes 30
Si				
No	x	x		

Nombre del noticiero: Noticiero 7

Horario de transmisión: 19:00 – 19:30

Fuente: Ecuador TV, Noticiero 7.

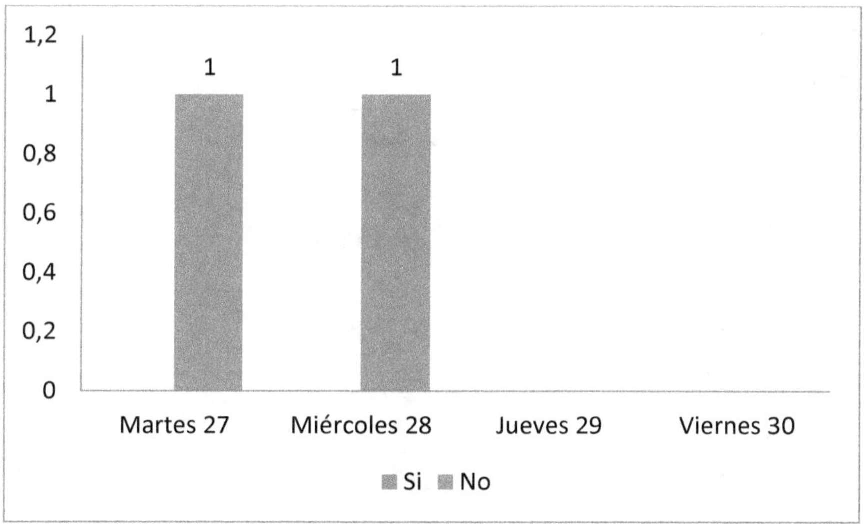

Figura 9. Origen del video

En la emisión estelar del Noticiero 7 (19:00 a 19:30), los videos presentados el martes 27 y miércoles 28 de diciembre del 2016 no mostraron ni mencionaron el origen de la red social de donde fueron extraídos.

10. ¿En qué segmento salió el video de redes sociales?

Tabla 10. Video de redes sociales

Nombre del noticiero: Televistazo			
Horario de transmisión: 13:00-14:00			
Segmento	Mes de diciembre/2016		
	Martes 27	Miércoles 28	Jueves 29	Viernes 30
Crónica roja				
Política	x			
Farándula				
Internacional		x	x	x
Deportes				

Fuente: Ecuavisa, Televistazo.

Figura 10. Video de redes sociales

El noticiero del mediodía de Televistazo utilizó videos de redes sociales para sus segmentos de política (una vez) y noticias internacionales (tres veces).

11. ¿Qué tipo de imágenes mostró el video?

Tabla 11. Tipo de imágenes

Tipo de imágenes	Nombre del noticiero: Televistazo Horario de transmisión: 13:00-14:00			
	Mes de diciembre/2016			
	Martes 27	Miércoles 28	Jueves 29	Viernes 30
Hechos sexuales				
Accidentes		x		
Peleas				
Robos				
Otros (indicar)	x		x	x

Fuente: Ecuavisa, Televistazo.

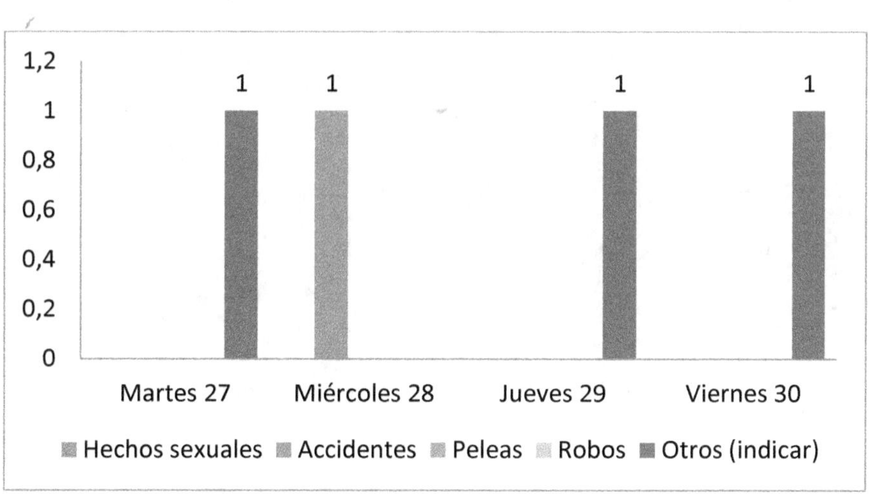

Figura 11. Tipo de imágenes

Los videos utilizados al mediodía por Televistazo abarcaron el accidente aéreo en Rusia, el caso de corrupción en Petroecuador, la crisis de Venezuela y un atentado del ELN en Colombia. A pesar de que los temas eran de un contenido fuerte, ninguna de las imágenes mostradas fueron discriminatorias, violentas o morbosas. Más aún, Ecuavisa usa un efecto (blur) en las imágenes que puedan herir la sensibilidad de los televidentes.

12. ¿Se indicó de qué red social se obtuvo el video?

Tabla 12. Origen del video

Nombre del noticiero: Televistazo			
Horario de transmisión: 13:00-14:00			

Tipo de imágenes	Mes de diciembre/2016			
	Martes 27	Miércoles 28	Jueves 29	Viernes 30
Si				
No	x	x	x	x

Fuente: Ecuavisa, Televistazo.

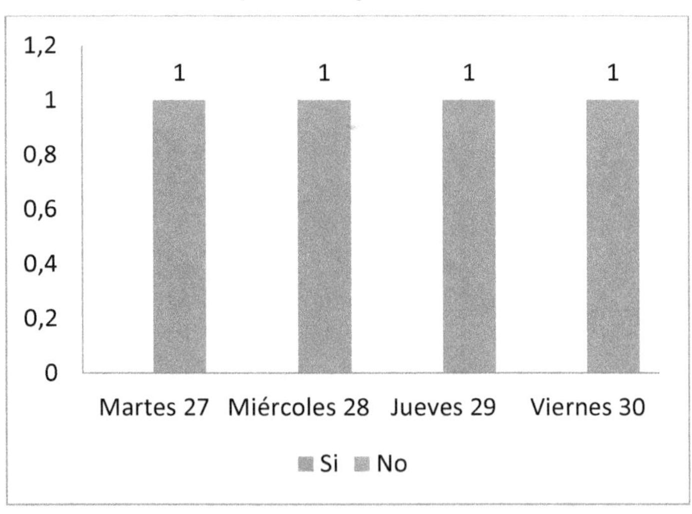

Figura 12. Origen del video

En ninguno de los videos extraídos de las redes sociales por Televistazo del mediodía se mencionó la fuente.

13. ¿En qué segmento salió el video de redes sociales?

Tabla 13. Video de redes sociales

Segmento	Nombre del noticiero: Televistazo			
	Horario de transmisión: 20:00-20:45			
	Mes de diciembre/2016			
	Martes 27	Miércoles 28	Jueves 29	Viernes 30
Crónica roja				
Política				
Farándula				
Internacional	x	x		
Deportes				x

Fuente: Ecuavisa, Televistazo.

Tabla 3. Video de redes sociales

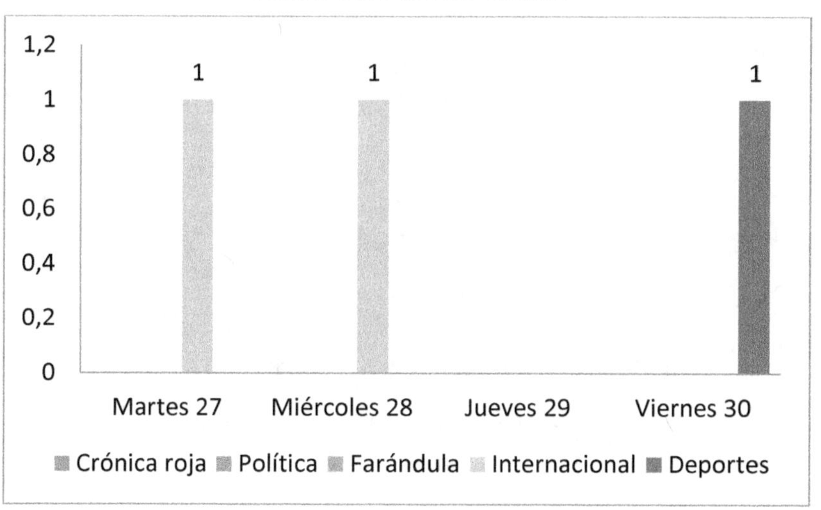

El noticiero estelar de Televistazo (19:00 a 19:45) usó videos de redes sociales en los segmentos internacional y deportes.

14. ¿Qué tipo de imágenes mostró el video?

Tabla 14. Tipo de imágenes

Nombre del noticiero: Televistazo			
Horario de transmisión: 20:00-20:45			
Tipo de imágenes	Mes de diciembre		
	Martes 27	Miércoles 28	Jueves 29	Viernes 30
Hechos sexuales				
Accidentes	x			
Peleas				
Robos				
Otros (indicar)		x		x

Fuente: Ecuavisa, Televistazo.

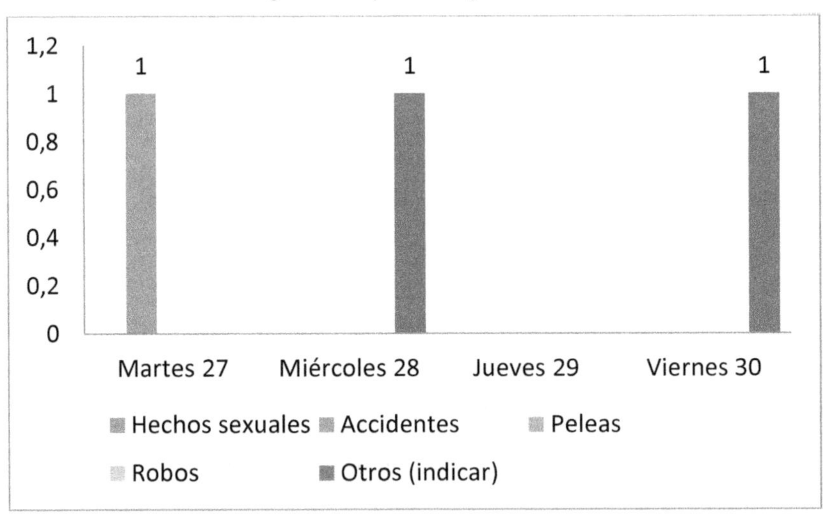

Figura 14. Tipo de imágenes

Los videos usados por el noticiero estelar de Televistazo correspondían al accidente del avión ruso en el Mar Negro, la guerra en Siria y la muerte de los jugadores del club brasileño Chapecoense. Ninguna de las imágenes mostró escenas de violencia, morbo o discriminación.

15. ¿Se indicó de qué red social se obtuvo el video?

Tabla 15. Origen del video

Tipo de imágenes	Mes de diciembre			
	Martes 27	Miércoles 28	Jueves 29	Viernes 30
Si				
No	x	x		x

Nombre del noticiero: Televistazo

Horario de transmisión: 20:00-20:45

Fuente: Ecuavisa, Televistazo.

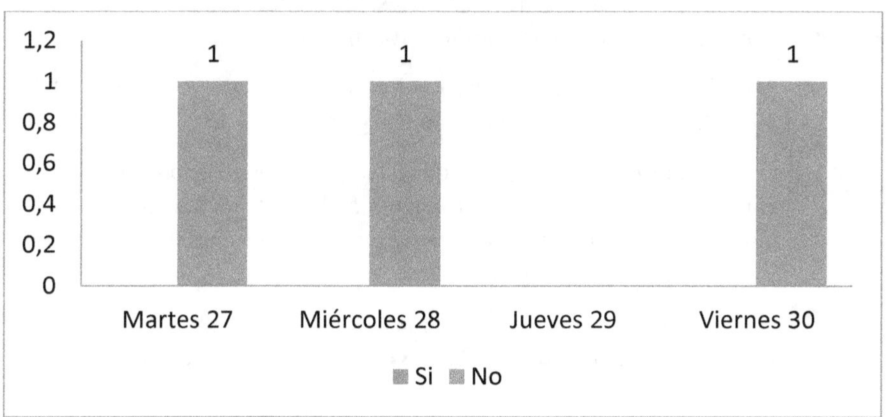

Figura 15. Origen del video

En el noticiero estelar de Televistazo (19:00 a 19:45) tampoco se mostraron los nombres de las redes sociales de donde fueron tomados los videos.

CONCLUSIÓN

Tras observar el contenido de los noticieros de los canales EcuadorTv (público) y Ecuavisa (privado), entre los días martes 27 al viernes 30 de diciembre del 2016, en relación al uso de imágenes y videos de redes sociales, se pudo concluir lo siguiente:

Ambos noticieros utilizan piezas audiovisuales extraídas de redes sociales, sobre todo en los segmentos de noticias internacionales, deportes y política, en ese orden.

Ninguno de los noticieros usó videos de redes sociales para mostrar problemas de la comunidad.

Las imágenes presentadas en estos videos respetaron los parámetros exigidos por la ley orgánica de comunicación, ya que no mostraban contenido morboso, violento o discriminatorio. Además, Ecuavisa utilizó efectos para suavizar imágenes que podrían considerarse fuertes.

También se pudo observar que ninguno de los medios dio a conocer la fuente de donde se obtuvo el material audiovisual presentado.

BIBLIOGRAFÍA Y REFERENCIAS

- Cordicom, C. de R. y D. de la I. y. (2014, June 4). COMUNICA-MOS. Retrieved from http://www.cordicom.gob.ec/comunicado-oficial-cordicom/

- Estrella, I. (2017a). Entrevista a Alex Mora. Retrieved January 9, 2017, from https://soundcloud.com/ingrid-estrella-1

- Estrella, I. (2017b). Entrevista Carlos Galecio. Retrieved January 9, 2017, from https://soundcloud.com/ingrid-estrella-1

- Gallo, D. (2014, July 26). Por qué Twitter se volvió imprescindible para el periodismo. Retrieved January 5, 2017, from https://medium.com/@dariogallo/por-que-twitter-se-volvio-imprescindible-para-el-periodismo-eaea0ac18f28

- Queiroz, B. C. (2013). El Uso de las redes sociales como fuentes de información para periodistas. Retrieved from http://ddd.uab.cat/record/114825

- Supercom. (2015). Teleamazonas emitió contenido inadecuado en programa "Jarabe de Pico." Retrieved January 6, 2017, from http://www.supercom.gob.ec/es/sala-de-prensa/noticias/1099-supercom-resolucion-teleamazonas-franja-horaria-jarabe-pico-farandula-infraccion

- TC Television, & Teleamazonas. (2016). *ExJueza Lorena Collantes Nuevamente Hace el ridiculo!!* Retrieved from https://www.youtube.com/watch?v=j9ssH9Ovc6k

REVISIÓN SOBRE EL PERIODISMO DE SUCESOS Y TRIBUNALES: ANÁLISIS DEL TRATAMIENTO INFORMATIVO DEL CASO ASUNTA

Patricia Torres Hermoso
Universidad de Sevilla

Resumen

Tras la comunicación presentada en el anterior Congreso de Comunicación y Pensamiento bajo el título "El discurso periodístico y los procesos de criminalización. Un reflexión sobre el caso Asunta", he considerado pertinente continuar esa línea de investigación enfocando el análisis de este caso a través de las principales cadenas de televisión generalista españolas (Antena 3 y Telecinco). Consideramos que hay escasas investigaciones que analicen el tratamiento informativo sobre este tipo de contenido periodístico.

En la actualidad, ha aumentado el número de programas que dedican espacios a la información de sucesos cuyas víctimas, en su mayoría, son menores de edad. A la hora de informar a la audiencia, las empresas informativas utilizan un lenguaje excesivamente morboso o revelan detalles íntimos que dificultan la investigación del mismo. De esta forma, los profesionales de la información se alejan de los principios éticos y deontológicos que deben cumplir. El periodista no es el único responsable de la información que transmite sino que a su vez depende de los conglomerados mediáticos que son los que deciden los contenidos que se proyectan a la opinión pública. A su vez, consideramos que es necesario que los profesionales de la información seamos críticos y reflexionemos acerca de la corrección de la práctica periodística utilizada en la actualidad.

De este modo, con la realización de esta comunicación (fruto del comienzo de la Tesis Doctoral titulada: *El discurso periodístico y los procesos de criminalización: análisis de la cobertura del caso Asunta a través de Antena 3 y Telecinco y los periódicos El País y La Razón*, dentro del Doctorado Interuniversitario de la Universidad de Sevilla), buscamos demostrar cómo los medios de comunicación a la hora de informar sobre un hecho delictivo y mediático, podrían influir en la resolución del caso e interferir en la investigación del mismo y por ende vulnerar la presunción de inocencia. Para ello analizamos el caso Asunta a través de dos herramientas de estudio: Antena 3 y Telecinco. Además también nos encargaremos del análisis de la propiedad de Atresmedia y Mediaset para entender las dinámicas periodísticas que los grandes grupos mediáticos siguen en la actualidad.

Palabras clave: sucesos; información; criminalización; discurso; mediático; juicio

1. Consideraciones previas

Tras la realización del Trabajo Fin de Máster que tiene por título *El discurso periodístico y los procesos de criminalización: (Una reflexión sobre el "caso Asunta")* y presentado como comunicación en el I Congreso Comunicación y Pensamiento: aportaciones para el debate en el S.XXI en la Universidad de Sevilla, creímos necesario continuar esta línea de investigación que forma parte del inicio de mi tesis doctoral, que tiene por título *"El discurso periodístico y los procesos de criminalización: análisis de la cobertura del caso Asunta a través de Telecinco y Antena 3 y los periódicos El País y La Razón.*

Estamos ante el análisis del mismo caso pero estableciendo para ello una recopilación de material hemerográfico y audiovisual.

A su vez, observamos en los medios de comunicación una amplia cobertura en noticias de sucesos y ante las escasas investigaciones que analicen el tratamiento informativo de este tipo de contenido periodístico, hemos estimado que es pertinente su conocimiento.

Con esta comunicación no solo quiero presentar la línea de investigación de mi tesis doctoral sino realizar una revisión bibliográfica sobre el periodismo de sucesos y tribunales.

2. Introducción

Como hemos podido comprobar, en los últimos años ha aumentado en los medios de comunicación el número de programas que dedica en su parrilla televisiva a las noticias de sucesos. El suceso es un contenido inseparable de la actividad periodística. El periodismo de sucesos informa en su esencia mayoritariamente sobre noticias, hechos delictivos y violentos, pero también-con menor frecuencia- sobre acontecimientos extraordinarios, curiosos o que se salen de normalidad. De ahí reside el gran atractivo que ejercen las informaciones de sucesos (Rodríguez Cárcela, Rosa, 2015:11). En definitiva, el periodismo de sucesos se compone principalmente de acontecimientos como asesinatos, muertes en extrañas circunstancias, accidentes o hechos delictivos de diversa tipología.

El periodista de sucesos tiene que ser riguroso a la hora de informar sobre estas informaciones especializadas, sin caer en el lenguaje excesivamente morboso y respetando los principios éticos y deontológicos. El periodismo de sucesos no es morboso, pero indudablemente sí lo son el interés y la atracción que despiertan entre numerosas personas determinados comportamientos humanos que necesitan ser contados de forma seria y responsable (Rodríguez Cárcela, Rosa, 2015-146).

Pero no podemos recaer toda la responsabilidad en la figura del periodista ya que no deja de ser una pieza en manos de los grandes conglomerados mediáticos que son los que determinan qué contenidos quieren transmitir a la opinión pública y de qué forma lo quieren difundir.

La utilización del morbo se convierte, desde el punto de vista empresarial, en un elemento altamente rentable (Rodríguez Cárcela, Rosa, 2015-147), aunque vulnere la intimidad de las víctimas y sus familiares.

3. Caso Asunta

El 21 de Septiembre de 2013, Asunta de 12 años de edad y de origen chino desapareció en el municipio coruñés de Teo. A la mañana siguiente, la menor fue encontrada sin vida en la pista forestal.

Sus padres adoptivos, Alfonso Basterra y Rosario Porto, fueron los principales sospechosos de la muerte de su hija. Debido a las contradicciones en sus declaraciones, fueron imputados por un delito de homicidio.

Los análisis toxicológicos demostraron que la niña fue sedada con Orfidal antes de morir asfixiada. El juez instructor del caso, José Antonio Vázquez Taín, elevó la categoría de homicidio a la de asesinato.

En este caso también hubo un tercer "implicado", conocido como "el hombre del semen". En la camiseta de Asunta apareció restos biológicos por lo que los padres de la joven solicitaron que este hombre se personase como acusación pero la acusación particular ejercida por la Asociación Clara Campoamor, lo consideraron como "totalmente incompatible" ya que en el momento de la desaparición de la menor, el hombre se encontraba en unos grandes almacenes de la capital madrileña. Los forenses escribieron en el informe que posiblemente sería semen pero descartaron la agresión sexual.

El juez archivó de forma definitiva la causa contra este tercer imputado en el caso, ya que había indicios suficientes para concluir que se produjo una contaminación en el laboratorio.

Finalmente, Alfonso Basterra y Rosario Porto fueron condenado por unanimidad a 18 años de cárcel por el asesinato de su hija Asunta con el agravante de parentesco.

Hace unas semanas, la cadena Antena 3 emitía una docuserie sobre el caso dividida en tres episodios. *Lo que la verdad esconde: El caso Asunta (Operación Nenúfar)* reconstruye lo qué pasó antes y después de que la pequeña fuese encontrada sin vida en una pista forestal de Teo.

La trilogía se enmarca en lo que se conoce como true crime, un género que ni es estrictamente documental, ni ficción, ni reportaje de investigación, sino una mezcla de los tres[3].

En este documental aparecen los testimonios de la Guardia Civil, el juez instructor José Antonio Vázquez Taín, abogados (José Luis Gutiérrez Aranguren, abogado de Rosario Porto), familiares, testigos y los principales protagonistas de este caso, Alfonso Basterra y Rosario Porto.

Aunque en algunos medios digitales aseguran que este programa especial dedicado al caso Asunta no ahonda en el sensacionalismo ni en detalles morbosos del caso, discrepo con esta afirmación.

Es innegable que detrás de ese programa, hay un gran trabajo de documentación, investigación y abundante material como fotos y vídeos caseros de la familia, reconstrucciones policiales y los testimonios de los implicados a través de llamadas telefónicas a Rosario Porto y cartas a Alfonso Basterra, pero creo que algunas imágenes que aparece en el programa podía haberse evitado, como por ejemplo, la fotografía realizada al cuerpo de Asunta cuando la Guardia Civil acude al lugar de los hechos.

FUENTE: IMAGEN DEL PROGRAMA LO QUE LA VERDAD ESCONDE: EL CASO ASUNTA (OPERACIÓN NENÚFAR)

---

[3] Noticia publicada en La Voz de Galicia el día 24 de Mayo de 2017.

Durante la emisión de los capítulos, las redes sociales eran un hervidero de opiniones. A unos les encantaron y a otros les pareció un horror. Véase el tuit que publicó Jordi Évole que alabó el trabajo realizado por sus compañeros de cadena, pero sí expresó ese miedo que sentía por cómo iba a ser tratado el caso.

Cruz Morcillo, periodista del diario ABC y colaboradora en *El Programa de Ana Rosa,* realizó un libro bastante completo en el que se revela secretos sobre este crimen llamado *El crimen de Asunta. Los secretos del caso que ha conmovido a España* (2014) e hizo un comentario en el que no puedo estar más de acuerdo.

Pero no todo iba a ser críticas. La novedad con respecto a otros programas es que no había voz en off que relate los acontecimientos y conduzca al espectador, pero la intención de la cadena era plantear dudas sobre cómo y quién mato a Asunta.

El director de esta serie, Elías León Siminiani, aseguró que uno de los fracasos es la no presencia de Belén Hospido, abogada de Alfonso Basterra en el documental, ya que se negó a formar parte de la emisión. Por su parte,

José Luis Gutiérrez Aranguren, abogado de Rosario de Porto, resaltó ante las cámaras que su clienta fue condenada antes de celebrarse el juicio.

Siminiani subrayó que "para conseguir la objetividad necesitábamos un número equitativo de testimonios de los dos lados, el lado de la justicia y el de los condenados, lo cual fue muy difícil porque desde que se convirtió en una especie de verdad oficial que los padres eran los asesinos, todo su entorno los repudió"[4].

El próximo mes de septiembre se cumplirá cuatro años del asesinato de Asunta y todavía desconocemos el motivo que les llevó a Alfonso Basterra y Rosario Porto a cometer tal atrocidad.

4. Objetivos

En nuestro trabajo de investigación hemos establecido los siguientes objetivos generales y específicos:

- Profundizar en el tratamiento informativo que dos cadenas de televisión, Telecinco y Antena 3, realizan ante determinados casos mediáticos.

- Plantear y cuestionar por qué se dedican tantas horas de la parrilla televisiva a este tipo de noticias y reflexionar por qué en la mayoría de las ocasiones se tiende al sensacionalismo y al morbo.

- Examinar y analizar las rutinas profesionales de investigación y realización de los contenidos periodísticos en relación a casos de estudios concretos.

- Valorar el modelo periodístico sobre la cobertura de sucesos que exportan los medios de masas privados españoles.

5. Metodología e instrumentos de investigación propuestos

Ante la gran cantidad de información que disponemos del caso Asunta, hemos considerado conveniente dividir una parte del trabajo en el análisis de los programas que abordaron este caso, centrándonos en dos cadenas de televisión, Antena 3 y Telecinco.

Hemos seleccionado dos magazines matinales de ambas televisiones privadas, como son *El Programa de Ana Rosa* (Telecinco-Mediaset) y *Espejo Público* (Antena 3-Atresmedia). Debido a que ambos programas compiten en su franja horaria por conseguir mayor audiencia, en algunas ocasiones

---

[4] Declaración extraída en El Huffington Post publicada el día 07/06/2017. http://www.huffingtonpost.es/2017/06/07/la-otra-verdad-del-caso-asunta_a_22127009/

caen en el uso del sensacionalismo y morbo, pero no por informar de sucesos, sino por la manera de tratarlos.

También analizaremos programas especiales que han hecho ambas cadenas sobre el caso Asunta como son *Abre los ojos y mira* o *Especial crimen en Santiago* (Telecinco-Mediaset) y *El crimen de Asunta: El Pacto* (Antena 3-Atresmedia).

A su vez queremos comparar los resultados que hemos obtenido tras la realización de dicho análisis con otro que abarcaría dos diarios generalistas españoles y antagónicos ideológicamente como son *El País* y *La Razón*.

Hemos acudido a la edición digital de *El País* y hemos comprobado que disponen de una sección denominada **Sucesos.** En el caso de *La Razón* han optado por incluir todos los sucesos en la sección de **Sociedad.**

Nuestro trabajo se enmarca en la Economía Política de la Comunicación. Es un tipo de investigación analítica sobre el discurso que estudia primariamente el modo en que el abuso del poder social, dominio y la desigualdad son practicados, reproducidos, y ocasionalmente combatidos, por los textos y el habla en el contexto social y político. Para este análisis utilizaremos al teórico Teun A. Van Dijk.

El suceso que vamos analizar, el caso Asunta, utilizaremos como técnica de investigación, el análisis de contenido. Reflexionaremos sobre la cantidad y la calidad de noticias de sucesos que los medios de comunicación transmiten a la sociedad.

En definitiva, nuestro trabajo se encuadraría en ese enfoque estructural de la Economía Política de la Comunicación donde estudiaremos cómo los elementos informativos, políticos y económicos influyen en los mensajes y por ende, a la audiencia que lo recibe.

6. Plan de trabajo inicial

A continuación esbozaré el plan de trabajo inicial que hemos elaborado para los primeros meses de trabajo de la tesis.

- **Recopilación y visionado del material audiovisual y hemerográfico.**

   Durante los primeros meses, me he encargado del compendio de material audiovisual que consiste en programas especiales, informativos y magazines que realizaron *Telecinco* y *Antena 3* durante el año 2013 hasta el 2015 aproximadamente. Este análisis se completará y se comparará con el de prensa a través de dos periódicos *El País* y *La Razón* acudiendo a la hemeroteca digital de ambos.

La aportación más completa que hemos encontrado por ahora sobre el caso Asunta es la que realiza la periodista especializada en sucesos, Cruz Morcillo con su libro *"El crimen de Asunta"*. En él se reconstruye el crimen y se revelan testimonios inéditos.

- **Búsqueda de documentación en fondos bibliográficos, revistas científicas, repositorios online para delimitar nuestro marco teórico y metodología.**

  Como nuestro trabajo de investigación se enmarca dentro del análisis crítico del discurso (ACD), vamos acudir a obras esenciales de la mano de teóricos como Teun A. Van Dijk, Ruth Wodak y Michael Meyer, entre otros.

  También consultaremos obras que analizan el uso del sensacionalismo por parte de los grupos mediáticos y donde tenga cabida la ética periodística del profesional a la hora de tratar estos temas como las realizadas por Daniel Sinópoli y Juan Carlos Suárez Villegas. Estudiaremos a través de la periodista especializada en periodismo de sucesos y tribunales, Rosa María Rodríguez Carcela, sobre el concepto de periodismo de sucesos y los requisitos para ser periodista de sucesos. También acudiremos a los fundamentos teóricos de la estructura de la información de la mano de la Dra. Rosalba Mancinas Chávez.

- **Establecer un modelo de análisis para texto y vídeos.**

  Para el estudio de los dos periódicos tomaremos como referencia la ficha de análisis de la doctora en Periodismo Antonia Isabel Nogales Bocio (2013) presente en su tesis *Metodología empírico-periodística del análisis de contenido y su aplicación. Aproximación estructural a la cobertura de los atentados del 11-M a través de El País, El Mundo, ABC y La Razón* y el realizado por Carla Álvarez en su trabajo fin de grado a partir de los parámetros seleccionados de López Talavera y Bordonado Bermejo en el documento escrito titulado *Telebasura, ética y Derecho: Límites a la información de sociedad en televisión*.

  De esta forma compararemos el grado de sensacionalismo en prensa y televisión en la cobertura mediática del crimen de Asunta.

- **Plantear los resultados del análisis y establecer conclusiones al respecto.**

Partiendo de la cobertura periodística realizada se procederá a un análisis comparativo cruzado entre los medios impresos y audiovisuales. La fórmula para el análisis consistirá en el visionado de programas especiales, informativos y programas matinales y compararlos con el análisis en prensa (El País y La Razón). Y a partir de los rasgos principales detectados, se extraerá los resultados finales.

7. Revisión del periodismo de sucesos y tribunales

Hace un par de meses, tuve la oportunidad de entrevistar en el programa en el que colaboro y dirijo llamado *La Lupa del Crimen* en la Universidad de Jaén (UniRadio Jaén) a Rosa Rodríguez Cárcela, doctora en Comunicación y licenciada en Derecho.

 Rodríguez Cárcela afirmó en nuestro estudio que el periodismo de sucesos es el periodismo más puro y no necesita ser promovido por fuentes interesadas como las informaciones políticas, económicas, sanitarias, etcétera. La información de sucesos cuenta hechos sensacionales pero no son sensacionalistas. Estamos de acuerdo que cuando hablamos de suceso no es igual a sensacionalismo pero para Rodríguez Cárcela sensacionalismo es igual a espectáculo mediático y cuando desaparece el periodismo, aparece lo que ella llama *circo mediático.*

Y tildar a las noticias de sucesos como sensacionalistas ha provocado que la tradicional Sección de Sucesos haya sido eliminada de las páginas de los periódicos impresos de información general. Esa podría ser una de las razones, que las informaciones de sucesos un buen día pasó a estar mal vista en todos los periódicos (Cárdenas Rica, Mª Luisa, 1998-233). Pero Rodríguez Cárcela plantea otras interpretaciones (Rodríguez Cárcela, Rosa 2015-119).

Una primera interpretación que esboza es que los responsables de los periódicos han podido reflexionar que este tipo de noticias son una temática periodística de menor entidad que otras y que un tratamiento diferente puede restarle formalidad.

Otra segunda obedece a que debido al uso y abuso del sensacionalismo en determinados sucesos, ha podido plantear la conveniencia de no disponer de una sección específica de sucesos para no identificar al medio con el sensacionalismo.

La tercera razón puede alojarse en un rechazo de las instituciones públicas a la emisión de sucesos, principalmente asesinatos, que son interpretados como una ruptura de los pactos que mantiene la sociedad.

Y finalmente la última y no menos importante que proyecta Rodríguez Cárcela tiene que ver con una cuestión organizativa en las redacciones de los diarios. Como este tipo de informaciones especializadas abarca una variedad temática muy amplia (asesinatos, homicidios, desapariciones, violaciones...) y se producen en diferentes puntos de la geografía española, puede ser el motivo por el que los jefes de redacción o el director decidan que incluya en secciones con un enfoque más geográfico que temático, como Local, Regional, Nacional o Internacional.

El diario *El País* nunca ha tenido una sección de Sucesos porque consideran que le resta credibilidad, por esa razón siguen publicando este contenido temático en la sección de Sociedad.

Según Rodríguez Cárcela, el periodista especializado en la información de sucesos tiene que tener una actitud profesional paciente, que acerca a la figura del detective y para ello tiene que contar con buenas fuentes, pruebas y documentación. En definitiva, el periodista de sucesos tiene que realizar una gran labor de investigación y formarse en ámbitos como la criminología y en derecho penal y procesal. Es un periodismo de calle, no de redacción (Rodríguez Cárcela, Rosa, 2015-22).

Dentro de esa formación que hemos dicho anteriormente, tiene cabida los principios éticos y deontológicos que los periodistas deben conocer cuando están informando sobre un suceso violento.

La Federación de Asociaciones de Periodistas de España (FAPE) dispone de un Código Deontológico[5] en los que se muestran los principales generales entre los que hemos destacado los siguientes:

- El primer compromiso ético del periodista es el respeto a la verdad.

- De acuerdo con este deber, el periodista defenderá siempre el principio de la libertad de investigar y de difundir la información y la libertad del comentario y la crítica.

- Sin perjuicio de proteger el derecho de los ciudadanos a estar informados, el periodista respetará el derecho de las personas a su propia intimidad e imagen, teniendo presente que:

  a) Solo la defensa del interés público justifica las intromisiones o indagaciones sobre la vida privada de una persona sin su previo consentimiento.

  b) Con carácter general deben evitarse expresiones, **imágenes** o testimonios vejatorios o lesivos para la condición personal de los individuos y su integridad física o moral.

---

[5]http://fape.es/home/codigo-deontologico/

c) En el tratamiento informativo de los asuntos en que medien elementos de dolor o aflicción en las personas afectadas, el periodista evitará la intromisión gratuita y las especulaciones innecesarias sobre sus sentimientos y circunstancias.

d) Las restricciones sobre intromisiones en la intimidad deberán observarse con especial cuidado cuando se trate de personas ingresadas en centros hospitalarios o en instituciones similares.

e) Se prestará especial atención al tratamiento de asuntos que afecten a la infancia y a la juventud y se respetará el derecho a la intimidad de los menores.

- El periodista debe asumir el principio de que toda persona es inocente mientras no se demuestre lo contrario y evitar al máximo las posibles consecuencias dañosas derivadas del cumplimiento de sus deberes informativos. Tales criterios son especialmente exigibles cuando la información verse sobre temas sometidos al conocimiento de los Tribunales de Justicia.

a) El periodista deberá evitar nombrar en sus informaciones a los familiares y amigos de personas acusadas o condenadas por un delito, salvo que su mención resulte necesaria para que la información sea completa u equitativa.

b) Se evitará nombrar a las víctimas de un delito, así como la publicación de material que pueda contribuir a su identificación, actuando con especial diligencia cuando se trate de delitos contra la libertad sexual.

- Los criterios indicados en los dos principios anteriores se aplicarán con extremo rigor cuando la información pueda afectar a menores de edad. En particular, el periodista deberá abstenerse de entrevistar, fotografiar o grabar a los menores de edad sobre temas relacionados con actividades delictivas o enmarcables en el ámbito de la privacidad.

8. Ejemplos

El "Crimen de las niñas de Alcàsser" marcó un antes y un después en el tratamiento informativo sobre las informaciones de sucesos a finales de los 90.

EJEMPLO 1

El 13 de Noviembre de 1992 Desirée, Miriam, de 14 años, y Toñi, de 15 años fueron asesinadas a la salida de una discoteca en Picassent. Un mes después sus cuerpos fueron encontrados con señales de haber sido torturadas.

Ese día el programa de televisión *De tú a tú*, conducido por Nieves Herrero en Antena 3 se desplazó a Alcàsser para emitir en directo el magazine. La periodista se dirigió a los familiares de las tres jóvenes con la siguiente frase "queremos unirnos al dolor de la familia y compartirlo". Seguidamente Nieves Herrero daba paso a unas imágenes que captaron el equipo del programa; el abrazo y los sollozos de los familiares de las jóvenes cuando les comunicaron que habían sido encontradas sin vida.

Nieves Herrero durante la emisión del caso Alcàsser en el programa *De tú a tú*

Rodríguez Cárcela aclara que "esos malos hábitos fueron cometidos mayoritariamente por algunos programas de las cadenas de televisión privadas, sin embargo su repercusión afectó negativamente al resto de medios de comunicación, sobre todo a la prensa escrita, obligándola a un rediseño de los sucesos" (Rodríguez Cárcela, Rosa, 2015-119).

El periódico *ABC* en su edición digital realizó una entrevista a Nieves Herrero y le preguntaron acerca de las críticas que recibió por el tratamiento realizado en el caso Alcàsser: "Ese programa fue un error de pies a cabeza. Mi conclusión principal es que no se puede ir al lugar donde se ha producido una tragedia y convertir un magazine en un programa monográfico. Hay que tomar cierta distancia; si no, no puedes ser objetivo. Creo que con un enviado especial hubiera sido suficiente. He estado muchos años sin hablar, pero hoy puedo hacerlo porque hay que estar con los padres de las tres niñas. Yo sólo estuve con las familias, ese fue mi error y mi acierto. Con esto quiero decir que no veo bien que se ponga un micrófono a un asesino"[6].

En el *Manual de periodismo de sucesos* escrito por Rodríguez Cárcela hace referencia a las pautas que establece Cristina López Mañero para el tratamiento de noticias siniestras y dolorosas. "El periodista no ha de olvidar que en toda tragedia de la que deba informar hay alguna persona que está sufriendo, a quien debe respetar no perjudicar, ni siquiera molestar. No aumentar innecesariamente el sufrimiento es no hurgar en el dolor ya existente y evitar cualquier especulación o conjetura tanto sobre los sucesos trágicos como sobre sus causas o consecuencias" (López Mañero, Cristina 2007- 66 y 69).

Con respecto al caso Asunta que estoy investigando para mi tesis doctoral, he seleccionado tres ejemplos que muestran elementos sensacionalistas en la prensa escrita.

---

[6] Noticia publicada en el periódico *ABC* el día 4 de Diciembre de 2013.

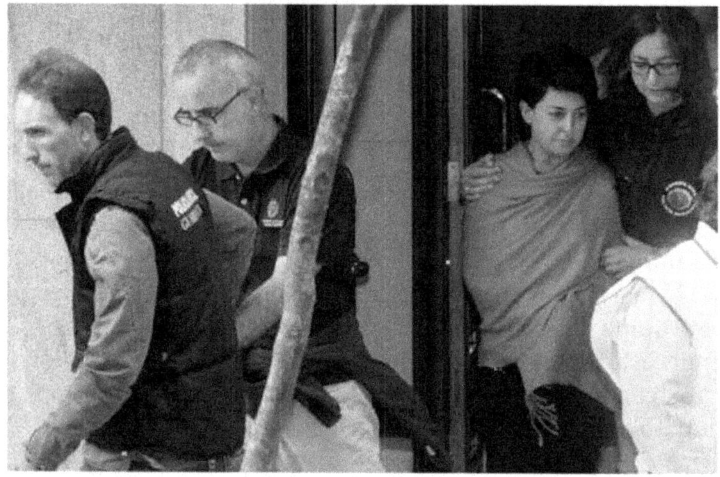

Asunta, envenenada gota a gota

- Las imágenes de la niña caminando poco antes de su muerte hacen pensar a los investigadores que fue drogada en pequeñas y continuas dosis
- ⊡ **EL PAÍS** TV Las últimas imágenes con vida de la pequeña
- El juez acusa a los padres de preparar su muerte durante meses
- **ESPECIAL** Consulte toda la información sobre el asesinato de Asunta

SILVIA R. PONTEVEDRA / PEPE SEIJO | **Santiago** | 16 MAR 2014 - 00:50 CET

Archivado en: Caso Asunta   Alfonso Basterra   Rosario Porto   Casos sin resolver   Asesinatos   Galicia   Casos judiciales   España   Sucesos   Delitos   Justicia

Los padres de la pequeña tras un registro / ÓSCAR CORRAL

Fuente del texto: Silvia R. Pontevedra / Pepe Seijo
Fuente de la imagen: Óscar Corral

Sin lugar a dudas lo más llamativo de esta noticia publicada en *El País* el 16 de Marzo de 2014 es su titular morboso, "Asunta, envenenada gota a gota". En el cuerpo de la noticia, el diario se encarga de relatar cómo transcurrió el día a día de Asunta hasta el momento de su fallecimiento.

El profesional de la información tendría que haber utilizado un titular informativo donde recogiese las 6 W del Periodismo (qué, quién, cuándo, cómo, dónde, por qué), renunciar a titulares e informaciones morbosas, huir del lenguaje excesivamente emotivo y evitar aquellas publicaciones que pueden dañar la sensibilidad de la audiencia.

Si fuese así, apoyaría los pies en una de las dos alfombrillas traseras que, presuntamente luego, tras la matanza, alguien hizo desaparecer para eliminar las manchas. Se sabe, por ese tramo intermedio que no alcanzan a cubrir las alfombrillas, que Asunta vomitó y orinó una vez muerta, "por la lógica relajación de los esfínteres", cuando fue trasladada a lo largo de cuatro kilómetros, oculta en el hueco entre las plazas, hasta el camino de tierra donde se halló su cuerpo.

"Sin duda, alguien quiso asesinarla el 5 de julio"

La intrahistoria que subyace bajo este crimen es tan retorcida que supera los giros argumentales de cualquier folletín y conjuga, supuestamente, las pasiones más bajas de una pareja rota desde primeros de 2013 pero unida por su mutua dependencia y una hija común que les molestaba a ambos. Es la hipótesis que sostiene el juez: el asesinato de Asunta fue un siniestro cóctel de intereses pecuniarios, despecho, celos, chantaje doméstico, 'dominación psicológica y maltrato físico esporádico' de Basterra hacia Porto.

Hay, además, según los investigadores, visos de perversión sexual. Basterra habría tratado de borrar archivos comprometedores de su portátil, que apareció, sorpresivamente, en el tercer registro de su piso. Este hecho prueba la complicidad de un tercero (porque los dos imputados están en prisión) cuya identidad ha quedado desdibujada.

La muerte de Asunta resulta de un plan "premeditado y gradual" ideado por sus padres de adopción, dice el juez, que ensayaron el crimen al menos en una ocasión anterior, o en dos. Taín habla de una noche de julio y un día de septiembre en el que Asunta faltó a clase y Basterra estuvo "aireando

Las informaciones sobre sucesos deben ser tratadas con el máximo respeto y rigurosidad sin caer en detalles escabrosos que no aportan nada al relato. En este ejemplo, la periodista narra que la menor después de su muerte había vomitado y orinado cuando fue trasladada hasta la pista forestal donde fue encontrada.

El profesional de esta información podría haber tratado esta noticia desde una óptica diferente, informando con datos de manera objetiva pero huyendo del sensacionalismo a la hora de tratar los hechos ya que es obvio que se ha vulnerado la intimidad de la fallecida.

Cuando los protagonistas de la informaciones de sucesos son menores, deben tratarse con especial prudencia y cuidado, sobre todo las relacionada con contenidos violentos o sexuales. La Ley del Menor establece límites en el ejercicio periodístico (artículos 4 y 5). En concreto, el artículo 4.2: "La difusión de información o la utilización de imágenes o nombre de los menores en los medios de comunicación puedan implicar una intromisión ilegítima en su intimidad, honra o reputación, o que sea contraria a sus intereses, determinará la intervención del Ministerio Fiscal, que instará de inmediato las medidas cautelares y de protección previstas en la Ley y solicitará las indemnizaciones que correspondan por los perjuicios causados"[7] (Rodríguez Cárcela, Rosa, 2015-158).

Una cámara de una sucursal bancaria captó la última imagen de Asunta antes de morir.

Aunque hay otro más que el juez señala con insistencia: "Dos agentes [de la policía científica] que recorrieron toda la casa de rodillas no detectaron que la menor fuese arrastrada, luego alguien debió de ayudar a Rosario a mover el cadáver". Ella, la madre, no había tenido cuidado alguno en ponerse los guantes, comenta el juez Taín, porque su ADN todavía fresco, junto al de su hija, estaba en un par de pañuelos hallados junto al cabo de cuerda. Esa papelera es, en realidad, el punto de partida de toda la investigación.

Después de comer todos juntos en el piso del padre en Santiago aquellos champiñones en los que, supuestamente, se le empezaron a suministrar las pastillas machacadas de Orfidal, la niña regresó a la cercana vivienda que compartía con la madre y más tarde, a las 18 18 horas, fue vista con Basterra esperando a Porto en las inmediaciones del garaje donde ella guardaba el Mercedes. En las cámaras de seguridad no se ve al padre, tampoco en la que recoge la instantánea de la madre y su niña a bordo del coche verde, enfilando la salida hacia Teo. Taín cree que Basterra se ocultaba en el ángulo muerto del asiento de atrás.

Fuente del texto: Lorena Bustabad

En este último ejemplo que hemos seleccionado, se describe de manera pormenorizada las últimas horas con vida de Asunta e incluso que la menor comió ese día champiñones y que sus padres fueron los que supuestamente suministraron Orfidal en la comida.

Datos que pueden ser cruciales en la investigación pero que de cara a la opinión pública puede provocar gran conmoción social tras conocer de qué forma fue supuestamente asesinada la menor.

Por consiguiente, no hay que olvidar que la información que ofrece los medios de comunicación no es inocente (Fuentes Osorio, Juan L, 2005-16:5).

---

[7] Ley orgánica 5/2000, de 12 de Enero, reguladora de la responsabilidad penal de los menores.

Los medios de comunicación están al servicio de sus propios intereses económicos de cuotas de pantalla (Ramonet, I, 2001-1) (reducción de costes, aumento de cuotas, financiación a través de la publicidad), objetivos que se consiguen mediante la reducción de la calidad de las noticias, el mantenimiento de agendas uniformes, el flujo de información constante, un modo de comunicación orientado a producir emociones, etc. (Fuentes Osorio, Juan L, 2005-16:5).

Otro elemento que el periodista debe tener en cuenta es la **presunción de inocencia** de los principales acusados de un suceso, sobre todo si están pendientes de una decisión judicial. Cuando empecé a analizar el caso Asunta, tenía claro que iba a analizar el tratamiento informativo de este suceso sin trabajar con una sentencia firme.

Ignacio Gordillo considera que el respeto a la presunción de inocencia se pierde totalmente cuando se publican textos condenando a las personas, sin prueba o fuentes fidedignas que puedan avalar la información publicada. Además se atenta en este derecho cuando la presunción de inocencia debe persistir hasta que una sentencia condenatoria firme. El periodista, pues, no debe condena de manera anticipada (Gordillo, Ignacio, 1997-1).

Alex Grijelmo aconseja que el uso de "los términos "presunto", "supuesto", "acusado de" (...) han de emplearse sin temor" (Grijelmo, Álex, 1997-556).

Otro principio básico que debe evitar el periodista cuando escribe sobre informaciones de sucesos son los juicios paralelos. Según Ronda Iglesias, un juicio paralelo se produce cuando un delito es juzgado a la vez, de forma simultánea, por un tribunal de justicia y por algún medio de comunicación (Ronda Iglesias, Javier, 1999).

A partir del caso Rocio Wanninkhof se abrió el debate sobre los juicios mediáticos o paralelos, es decir, cómo la información que vierten los medios de comunicación puede afectar a los principios de imparcialidad judicial e independencia (Barata, F, 2007-25).

Según el jurista Ángel de Juanes "en ocasiones, los medios de comunicación de todo tipo realizan juicios paralelos antes y durante los procesos judiciales, cuando no llevan a efecto campañas sistemáticas a favor o en contra de las personas enjuiciadas, filtrando datos sumariales, recalando opiniones de terceros, haciendo editoriales, en donde se prejuzga la culpabilidad o inocencia de las personas sometidas a proceso, en definitiva, valorando la regularidad legal y ética de su comportamiento. Tal valoración se convierte ante la opinión pública en una suerte de proceso en el que los medios de comunicación ejercen los papeles de fiscal y abogado defensor, determinando la inocencia o la culpabilidad de los acusados".

En definitiva, esto es lo que quiero demostrar en mi tesis doctoral, independientemente de la resolución judicial, si se ha producido vulneración de la presunción de inocencia y un juicio paralelo a los padres de la menor fallecida.

Siempre defenderé la información de sucesos pero con un tratamiento responsable y riguroso. Como diría Gabriel García Márquez, escritor y premio Nobel de Literatura: "La mejor noticia no es la que se da primero sino la que se da mejor".

9. Referencias bibliográficas

- Barata, F, (2007). *Los medios, el crimen y la seguridad pública*. México: Insyde.

- Bourdieu, (1997), *Sobre la televisión*, Barcelona.

- Código Deontológico de la FAPE http://fape.es/home/codigo-deontologico/

- Colombo, F (1997), *Últimas noticias sobre periodismo*, Barcelona: Anagrama.

- Fuentes Osorio, Juan L (205), *Los medios de comunicación y el derecho penal*. Revista electrónica de Ciencia Penal y Criminología.

- Gonzálvez, V, (2004), *Análisis ético-comparativo de los medios*, en Conill/Gonzálvez (coord.): Ética de los medios. Una apuesta por la ciudadanía audiovisual, Barcelona.

- García Reina, L (2004), *Juventud y medios de comunicación. La televisión y los jóvenes: aproximación estructural a la programación y los mensajes*, en Ámbitos, nº 11-12, 1.º y 2.º semestre, pp. 115.

- Gordillo, Ignacio (1997), *El periodista ante la información sobre la Justicia*, en *Documentos. Suplemento de la Revista Documentos*. Asociación para el Progreso de la Comunicación (APC), Sevilla, nº20, Octubre-Noviembre.

- Grijelmo, Álex (1997): *El estilo del periodista*. Taurus, Madrid.

- Laguna Platero, A (2003), *Política y televisión: Las perversiones de la democracia*, en Ámbitos.

- López Mañero, Cristina (2007) *Pautas en el tratamiento del dolor* en Cuadernos de Periodistas. Asociación de la Prensa de Madrid, Madrid, nº 10.

- Pérez Abellán, F (1997), *Crónica de la España negra*, Madrid: Espasa.

- Pérez Oliva, M (2010), *Demasiadas fuentes anónimas*, España: Diario El País.

- Quesada, M (2007), *Periodismo de sucesos*, Madrid: Síntesis.

- Ramonet, I (2001), *La tiranía de la comunicación*, 6ª edición, Madrid.

- Rodríguez Cárcela, Rosa (2011) *La información de sucesos. La temática en prensa escrita*, Madrid.

- Rodríguez Cárcela, Rosa (2015), *Manual de Periodismo de Sucesos*. Colección Ámbitos para la Comunicación, 12. Ladecom/Grehcco.

- Ronda Iglesias, Javier (1999), *Los retos del periodismo judicial*. Revista Latina de Comunicación Social, 15, Marzo, Universidad de La Laguna. https://www.ull.es/publicaciones/latina/a1999c/116ronda.htm.

- Ronda Iglesias, Javier (2002-2003), *El periodismo judicial en España*. Revista Ámbitos

- Saavedra López, M, (1987), *La libertad de expresión en el Estado de Derecho*, Barcelona.

- Sartori, G (1998), *Homo Videns, la sociedad teledirigida*, Madrid.

- http://www.20minutos.es/noticia/1929900/0/cronologia-caso-asunta/nina-muerta/santiago/, visita consultada en fecha 17/03/15.

- http://ccaa.elpais.com/ccaa/2015/04/29/catalunya/1430320548_942886.html, visita consultada en fecha 29/4/2015.

- http://vozpopuli.com/economia-y-finanzas/61474-asociaciones-de-periodistas-claman-contra-catala-trata-de-acallar-a-la-prensa-que-airea-la-corrupcion, visita consultada en fecha 29/4/2015.

- http://www.huffingtonpost.es/2017/06/07/la-otra-verdad-del-caso-asunta_a_22127009/, visita consultada en fecha 7/6/17

- http://www.farodevigo.es/sucesos/2015/06/19/nuevo-sorteo-santiago-seleccionar-jurado/1262471.html, visita consultada en fecha 19/6/15.

- http://www.lavozdegalicia.es/noticia/television/2017/05/18/asunta-operacion-nenu-far/00031495104337295591510.htm, visita consultada en fecha 1/6/17.

- http://www.abc.es/tv/20131204/abci-programa-alcacer-error-pies-201312041315.html, visita consultada en fecha 1/6/17

- http://ccaa.elpais.com/ccaa/2015/06/19/gali-cia/1434713518_408485.html?rel=rosEP

- visita consultada en fecha 19/6/15.

CAPÍTULO IV

LA MEDIACIÓN DE LAS REDES SOCIALES EN LA GENERACIÓN DE CONTENIDOS INFORMATIVOS: LA AMPLIFICACIÓN DE POLÉMICAS VIRTUALES EN EL MUNDO REAL

Dr. Juan Carlos Gil González
Sandra Carbonero Redondo
Universidad de Sevilla

Palabras clave: periodismo, periodismo digital, redes sociales, Facebook, Twitter, Tauromaquia.

1. Introducción

Las redes sociales han transformado la concepción de la realidad social y han influido en los modos en que lo usuarios se relacionan entre sí y en cómo fluye la información por ellas. Éstasson un pequeño campo dentro del ciberespacio, pero con una gran trascendencia e impacto social puesto que los participantes utilizan sin un ápice de rubor el derecho a la libertad de expresión sin que, a priori, se produzca ningún tipo de censura. Este uso deliberado y amplio del derecho fundamental debe estar guiado por unos límites, flexibles, amplios, sutiles, pero límites a fin de cuentas, porque si no ocurriera así, la sociedad democrática en la que vivimos se resentiría. Y lo más importante, se pondría en peligro la convivencia armónica de los miembros de dicha sociedad democrática, puesto que el abuso del derecho, además de provocar un posible ilícito jurídico, supone un ataque directo a los valores morales que vertebran la convivencia social.

Y desde hace unos años hasta la actualidad, la Tauromaquia se ha convertido en el flanco de continuos ataques y críticas exacerbadas hasta tal punto que en ocasiones, no pocos protagonistas de la Fiesta de toros han sufrido no pocos insultos por parte de los presuntos defensores de los animales tanto en *Facebook* como en *Twitter*. Tal ha sido la transcendencia de estas polémicas surgidas en la red, que han saltado a los medios de comunicación. Este nuevo escenario comunicativo dimensionado por las redes sociales ha provocado cambios en las fuentes informativas y en las formas de generarse las noticias.

2. Objetivos

- Analizar cómo una polémica surgida en las redes sociales a raíz de un hecho concreto que ya ha sido noticia, llega a los medios de comunicación convirtiéndose en otra noticia diferente.

- Constatar en qué secciones tiene mayor relevancia esta polémica en dos cabeceras de la prensa española.

- Comprobar la influencia de las redes sociales en la generación de noticias que tienen su origen en los comentarios sobre hechos, que en principio, no son noticiosos.

3. Metodología

Nuestro corpus de trabajo está compuesto por las noticias, artículos, entrevistas y reportajes de los diarios *El Mundo* y *ABC* y del portal taurino *Cultoro* sobre las polémicas surgidas en la red en torno a doshechos, cuyo elemento vertebrador es la Tauromaquia. Nos referimos a la muerte de Víctor Barrio y al festival benéfico celebrado en Valencia para financiar el tratamiento de Adrián y a la Fundación de Oncohematología Infantil. Sobre el primer acontecimiento, hemos encontrado un total de 62 entradas desde julio hasta noviembre y del segundo hay 21entre octubre y diciembre. Para analizar este gran volumen de informaciones, utilizaremos el análisis de discurso y contenido. A través de ellos, explicaremos cómo se construye una noticia en el mundo virtual, cómo ésta llega preconfigurada a los medios y cómo se retroalimentan tantos los medios como las redes sociales, generando comunidades virtuales contrarias y defensoras de la Tauromaquia. Además, el análisis nos ayudará a delimitar con meridiana claridad lo que es información, que hace referencia al derecho a la libertad de información; y lo que es opinión, cuyo anclaje constitucional es el derecho a la libertad de expresión.

4. Justificación de los temas elegidos

Caso 1: Muerte de Víctor Barrio

El 9 de julio de 2016 falleció el diestro Víctor Barrio tras recibir una cornada mortal en la plaza de toros de Teruel. Gracias a los avances de la medicina en el último siglo, esta tragedia no se había conocido desde hacía tres décadas. Este suceso luctuoso provocó un fuerte golpe emocional dentro del mundo del toro, tanto para los profesionales como para los aficionados, y una conmoción para la sociedad, ya que Víctor apenas tenía 29 años y dejaba a su mujer y a su familia rotas.

Dada la rapidez y trascendencia de los hechos, la noticia fue publicada en todos los diarios y portales de España y en los más importantes a nivel mundial[8]. Los telediarios de las principales cadenas de televisión española[9]

---

[8] Diarios de la prensa internacional como *New York Times, Daily Mail* o *Le Monde* publicaron la noticia de la muerte de Víctor Barrio.

[9] Los informativos de las 21 horas de *Antena 3, Telecinco, La Sexta, Cuatro* y *TVE1* abrieron e incluyeron en sus informativos la trágica noticia.

abrieron con esa información el mismo día de los hechos. La repercusión de lo acontecido en Teruel no se hizo esperar en las redes sociales. Víctor Barrio se convirtió en *trendictopic* en *Twitter* y se suscitaron cientos de *tuits* de dolor y condolencias hacia los familiares. Entre esos mensajes, se multiplicaron varios de otra índole. Una parte de los llamados animalistas arremetieron contra la dignidad de Víctor Barrio y la de su mujer, incluyendo incluso, a los padres, que recibieron multitud de insultos de todo tipo. El mensaje más controvertido y polémico fue publicado en *Facebook* por el profesor Vicente Belenguer Santos:

> Muere un tal Víctor Barrio de profesión asesino de toros en Teruel (en su casa lo conocerían a la hora de la siesta) yo que soy un ciudadano muy "educado" hasta el punto de ser maestro me alegro mucho de su muerte, lo único que lamento es que de la misma cornada no hayan muerto los hijos de puta que lo engendraron y toda su parentela, esto que digo lo ratifico en cualquier lugar o juicio. Hoy es un día alegre para la humanidad. BAILAREMOS SOBRE TU TUMBA Y NOS MEAREMOS EN LAS CORONAS DE FLORES QUE TE PONGAN ¡¡CABRÓN!!

Las redes sociales estallaron de indignación ante este mensaje que se divulgó a través de todas ellas y por las aplicaciones de mensajería instantánea instando a que se tomaran medidas y recogiendo firmas a través de la plataforma *Change.org* para que fuera destituido como profesor. Esta polémica saltó a los medios de comunicación convirtiéndose en noticia y generando multitud de informaciones sobre este tema.

Caso 2: Niño Adrián

El pequeño Adrián Hinojosa tenía el sueño de ser torero. Por este motivo, su padre realizó una campaña en las redes sociales para que se celebrara un festival taurino benéfico cuyo resultado económico fuese a aparar a las arcas de la Fundación de Oncohematología Infantil, además de intentar sufragar el tratamiento de Adrián. Después de varios meses de lucha en los que se implicaron aficionados y profesionales de la Tauromaquia, el 8 de octubre de 2016 tuvo lugar el festejo en el que participaron desinteresadamente varias figuras del toreo. Al finalizar el festejo, Adrián salió a hombros de la plaza, como símbolo de su momentánea victoria e hizo acopio de fuerzas para continuar su ardua lucha.

Los medios taurinos y las secciones de toros de los periódicos nacionales recogieron la crónica del emotivo festival. Al mismo tiempo, a través de las redes sociales aparecieron varios *tuits* en los que se le deseaba la muerte a Adrián por querer ser torero. Estos mensajes de odio saltaron a los medios de comunicación, que mostraron su repulsa ante ellos. El *tuit* que desató la polémica fue el emitido por Aizpea Etxezarraga:

Que qué opino? Yo no voy a ser políticamente correcta. Qué va. Que se muera, que se muera ya. Un niño enfermo que quiere curarse para matar a herbívoros inocentes y sanos que también quieren vivir. Anda yaaaaa! Adrián, vas a morir

El cáncer le ganó la batalla al pequeño Adrián el pasado 8 de abril de 2017. Su muerte causó gran dolor para la mayoría de los que participaron en su festival, pero unos cuantos volvieron a escribir mensajes insultantes alegrándose de esta pérdida.

5. Análisis de las noticias de Víctor Barrio

Sobre la polémica en torno a los mensajes ofensivos sobre la muerte de Víctor Barrio se han recogido un total de 62 noticias entre julio y noviembre de 2016: 28 en *ABC* (26 más 2 portadas), 18 en *El Mundo* (17 más una portada) y 16 en *Cultoro*. La sucesión continuas de publicación de informaciones en los tres medios sobre esta cuestión, tiene lugar entre el 11 de julio hasta en torno al 18 de julio.Es la semana en la que se producen multitud de noticias, declaraciones de personas relevantes (profesionales del toreo, políticos...), salen a la luz más mensajes en redes sociales cargados de insultos, tanto de personas anónimas como de famosos y la Fundación del Toro de Lidia pone en marcha acciones legales contra ellos.

La primera publicación sobre este tema en cuanto a estos tres medios aparece el 10 de julio en *Cultoro*. Este portal digital y especializado publica las manifestaciones del torero Julián López "El Juli" en su *Facebook,* clamando justicia ante estos ataques. Todas las informaciones que *Culturo* publica en torno a esta cuestión lo hace empleando el género de la noticia y ubicadas en la sección que lleva el mismo nombre.

Un día después, 11 de julio, la prensa escrita comienza a tener sus primeros contactos con este hecho. *El Mundo* le dedica una columna en la contraportada en la que Jorge Bustos habla de la mujer de Víctor Barrio "Raquel Sanz, viuda" y mediante el que ya muestra su indignación y su solidaridad frente a los hechos ocurridos en la Red. Por su parte, *ABC* a este tema le dedica una columna y un apartado dentro de su recuadro "A los cuatro vientos" en su sección de "Opinión". Será esta manifestación la que marcará la línea editorial sobre este acontecimiento en este diario. Además, en la noticia sobre el funeral del diestro, ubicada en la sección de "Toros", ya hace hincapié en estos comentarios, resaltándolo en un destacado. *Cultoro* por su parte comparte la noticia titulada "La Fundación pide la colaboración de todos los aficionados para "pillar" a los que desean la muerte en las RRSS" hace un llamamiento a los taurinos para intentar frenar los ataques e insultos recibidos por los animalistas y a su vez, para que sean reportados a la Fundación para emprender acciones legales.

El 12 de julio *ABC* lleva a su portada el suceso con el titular "Máximo respeto por los toreros", mostrando su apoyo así hacia ellos. Además, tratan el tema en la sección "Opinión" con una viñeta y en "Toros" se localizan varias informaciones: por un lado con "El populismo se crece contra los toros" y teniendo como raíz los mensajes de *Twitter*, Andrés Amorós realiza un recorrido por todos los hitos alcanzados por los antitaurinos; en la parte inferior, *ABC* rotula "Los antitaurinos celebran la muerte de Barrio en las redes sociales" para señalar los avances realizados por la Unidad de Investigación Tecnológica de la Policía Nacional; y junto a esta noticia *ABC* se hace eco de la "Carta de *El Juli*". En cuanto a *El Mundo*, este asunto toma gran relevancia en la sección de "Opinión" con la inserción de un editorial: "Unos indeseables que prostituyen las redes sociales" dejando clara su postura frente a los hechos y con un artículo de opinión en el apartado de "A simple vista" de Pedro Simón. Ya en la sección de "Toros" sintetiza todos los acontecimientos acaecidos en la Red, así como la publicación de los mensajes vejatorios, las medidas que luego se tomaron por parte de la Fundación del Toro de Lidia y la familia; y las declaraciones de "El Juli". *Cultoro* recoge las palabras del portavoz del Grupo Popular en el Congreso, Rafael Hernando: "Hay tutis que dan vergüenza desde el punto de vista ético, moral y penal" y las del abogado de la Fundación del Toro de Lidia, José Miguel Soriano: "La impunidad en los ataques contra el toro ha acabado"

El 13 de julio, *El Mundo* es el medio que más notoriedad le da a esta noticia, incluso apareciendo en su portada. En "Opinión", dos de sus columnistas más relevantes, F. Jiménez Losantos y Antonio Lucas dedican sus columnas a tratar las informaciones publicadas y en mostrar su repulsa, mientras que en la contraportada en "La última columna" de Emilia Landulce hace lo propio. En "Toros" observamos una entrevista a Raquel Sánchez, viuda de Víctor Barrio, hablando de su indignación acerca de los insultos y vejaciones que ha sufrido, además de una noticia sobre las "Seis denuncias por *tuits* ofensivos contra Barrio". En cuanto a *ABC*, debido a la importancia de los acontecimientos, aparece en su sección "Enfoque" donde se ofrece el criterio editorial e informativo sobre ciertos hechos noticiosos, además de comentarios de la edición electrónica sobre la actualidad. En este caso, es su jefe de la sección de opinión de *ABC*, Jaime González, quien hace un análisis de esta situación, así como una introducción del reportaje que se localiza en "Sociedad", "El código penal entra en las redes sociales" en las que además de exponer todo lo ocurrido y las medidas que deben tomarse, se realizó un despiece titulado "La familia de Víctor Barrio denuncia los *tuits* vejatorios", al igual que insertan otras dos noticias sobre *tuits* ofensivos referentes a otros hechos ajenos a la Tauromaquia, pero con trascendencia en los medios.

Cultoro, ese mismo día, publica dos informaciones al respecto. Por un lado, acerca de las manifestaciones del Presidente del Gobierno "Mariano Rajoy, de nuevo, se solidariza con Raquel Sánchez ante los "bárbaros insultos". Estas declaraciones también las recoge *El Mundo* al día siguiente, 14 de julio: "Mariano Rajoy: "No hay idea que justifique las barbaridades". Por otra parte, *Cultoro* se adelanta a publicar que "JPelirrojo deja de ser imagen de Nestlé por sus *tuits* repulsivos en contra del toreo", noticia de la que se harán eco en la siguiente edición de *El Mundo* en su sección de "Vox populi" de Opinión y *ABC* en "Sociedad" como noticia. En esta misma jornada, el primero publica en "Opinión" la columna "El punto de vista de Raúl Conde" y una "Carta al director"; y el segundo diario otra "Carta al director" y la columna "Visto y no visto" de Ignacio Ruiz-Quintano en la contraportada.

Asimismo, *Cultoro* señala en esa fecha que "Almassora convoca el sábado una concentración contra los ataques a Barrio" y el día 16 de julio, publica la noticia de esta manifestación "Almassora condena la violencia tras la muerte del torero Barrio".

El 15 de julio, *ABC* vuelve a llevar a su portada "La dos" la noticia publicada en la sección de "Sociedad", "El profesor que vejó a Víctor Barrio denuncia que le hackearon la cuenta", además de otro despiece en el que trata otros comentarios de personajes públicos ofensivos contra Víctor Barrio. En "Opinión", también aparece una "Carta al director" y dentro de "A cuatro Vientos" vuelven a tratar este tema. Por otra parte, en *Cultoro* publica una noticia que titula "El Ministerio de Justicia se reúne con la Fundación para trazar estrategias judiciales contra los insultos en las redes". Al siguiente día, *El Mundo* retoma esta noticia en "43 grados" de Enric González en "Opinión".

El 17 de julio *ABC* vuelve a publicar una viñeta sobre este asunto en "Opinión" y un artículo en "*ABC* y sus lectores". Ya el 18, *El Mundo* también publica dos columnas de opinión al respecto en "Opinión" y "Escenarios" respectivamente.

En el mes de agosto, *Cultoro* es el único medio de estos tres que continúan los avances sobre esta noticia publicando tres noticias: "Una iniciativa popular pide la dimisión de los tres socialistas que se ausentaron del minuto de silencio por Víctor Barrio", el 4 de agosto; "237.000 firmas para que el profesor que se mofó de la muerte de Barrio no siga ejerciendo", el 9 de agosto; y "La FTL interpone una denuncia por amenazas y contra el honor de la viuda de Víctor Barrio" el 12 de agosto.

Las siguientes informaciones que se aportan aparecen en el mes de octubre. *ABC* retoma el tema debido a los insultos que acaba de recibir en esas fechas el niño Adrián a raíz del festival celebrado para recaudar fondos contra el cáncer infantil. Esto lo hace en la sección de "Sociedad" con un reportaje sobre ambos casos y una columna de opinión de Andrés Amorós.

La última publicación al respecto encontrada en *El Mundo* es el 15 de octubre en su contraportada con una entrevista a Raquel Sánchez en la que habla de sus sentimientos tras la pérdida de su marido, Víctor Barrio, y de todos los comentarios de las redes sociales.

El 17 de octubre salen a la luz dos informaciones sobre los avances en las denuncias interpuestas en el caso. *Cultoro* publica las noticias: "De traca: el juzgado de Paterna archiva una de las denuncias contra Belenguer Santos, que se mofó de la muerte de Víctor Barrio" y "La Fundación confirma que su causa contra Vicente Belenguer sigue adelante". La mañana siguiente, *ABC* se hace eco de la primera información en "Cultura" y Ramón Pérez-Maura habla de ello en su columna "Horizonte" en "Opinión. Siguiendo esta línea, el 19 del mismo mes aparece en esta sección una carta al director.

Cultoro recoge el 21 de octubre la noticia sobre que "Vicente Belenguer no reconoce sus insultos a Víctor Barrio" y que aparece el 22 en "Sociedad" en *ABC*. Este mismo medio, publica el 29 de octubre una noticia en la sección "España" titulada "La familia de Víctor Barrio presenta una querella contra el hombre que celebró su muerte". La última información encontrada sobre ello, es el 22 de noviembre en *Cultoro* cuando titula: "Admitida a trámite la querella contra Vicente Belenguer por delito de injurias".

6. Análisis de las noticias del Niño Adrián

Sobre este hecho noticioso, hemos recogido un total de 21 informaciones entre octubre y diciembre de 2016. En *ABC* hemos encontrado 11 publicaciones más una portada, en *El Mundo* 4 y en *Cultoro*5. Los primeros días tras la aparición de estosmensajes ofensivos son en los que se produce una mayor aparición de noticas en sobre esta cuestión.

De los tres medios analizados, el primero que se hace eco una vez más es *Cultoro* debido la rapidez de Internet y por su especialización. El 9 de octubre publican un editorial "¿Dónde está ahora el Defensor del menor?" en la sección de "Noticias" para mostrar su indignación frente a esta barbarie. Llama la atención este hecho puesto que *Cultoro* escribe editoriales en contadas ocasiones y si el tema es muy relevante. A pesar de la gravedad del caso de Víctor Barrio no lo hizo, pero por la implicación de un menor, en esta ocasión han escrito uno.

El 10 de octubre *Cultoro* da un paso más en sus informaciones y habla ya de las acciones legales contra los mensajes ofensivos: "La Fundación anuncia acciones legales contra la antitaurina que deseó la muerte al pequeño Adrián". Ese mismo día, *El Mundo* incluye en su sección de "Toros" un artículo de opinión de su periodista taurino de cabecera, Vicente Zabala titulado "Adrián, vas a morir", que hace referencia al *tuit* publicado por Aizpea Etxezarraga. En esa línea, *Cultoro* también publica otro artículo de opinión firmado por María Fuentes: "Adrián, te vas a curar". Es la única publicación de *Cultoro* que no aparece en la sección de "Noticias" sino que lo hace en la de "Blogs".

ABC es el diario que más espacio le dedica a este caso, pero es el último en hacerse eco de él. El 11 de octubre publica en su portada una imagen de Adrián, el día del festival sacado a hombros por los toreros. Junto a ella, como titular han escogido una frase de una declaración de su padre: "Que nos dejen de una vez en paz a los que amamos esta Fiesta". En su interior, la sección de "Sociedad", que es en la que tendrá más relevancia este hecho, es la escogida para publicar una noticia titulada "Los antitaurinos plagan de odio en las redes sociales" y en la que se hace un recorrido histórico sobre las polémicas relacionadas con los insultos por parte del sector contrario a la Tauromaquia. También incluye un artículo de opinión de Andrés Amorós, crítico taurino de *ABC*: "Una sociedad enferma".

Al día siguiente, 12 de octubre,*ABC* es el único medio de los tres que vuelve a hablar sobre este suceso haciendo un amplio despliegue de él. En su sección de "Editoriales", incluye en su apartado de "Protagonistas" a Carlos Núñez, presidente de la Fundación Toro de Lidia. En "Opinión", se habla en un artículo sobre la defensa del acoso y vejaciones a menores en el que se expone también el caso de Adrián. Ya en la sección de "Sociedad", aparece la noticia de "Interior investiga delitos de odio en los mensajes contra Adrián" y un análisis sobre este tema: "El pequeño héroe del mundo del toro".

El 13 de octubre tanto *El Mundo* como *ABC* tratan este hecho en sus secciones de "opinión". El primero en la columna de Vicente Lozano titulada "La ruina de las redacciones" y en el segundo a través de una viñeta de JM Nieto.

Durante el resto del mes de octubre, tan sólo *ABC* continúa tratando este suceso en sus secciones de "Sociedad" y "Opinión" como ha venido haciendo. El 14 y el 20 de octubre aparecen dos noticias en la primera de ellas sobre las acciones legales que se van a tomar y la investigación de los mensajes: "El padre del niño enfermo de cáncer denuncia amenazas de muerte ante la guardia civil" y "Un juzgado investiga los ataques a Adrián, el niño que quiere ser torero". Por otra parte, el 28 de octubre *ABC* publica una "Carta al director" contra los mensajes ofensivos hacia Adrián: "Escarnio público con un niño de 8 años".

La siguiente noticia que aparece en los tres medios de comunicación es sobre la detención de dos personas acusadas de enviar estos mensajes vejatorios. Primero lo hace *Cultoro* por su inmediatez al estar en la Red el 3 de diciembre: "La Guardia Civil detiene a dos personas por injuriar en las RRSS al pequeño Adrián". Tanto en *ABC* como en *El Mundo*, esta noticia se publica el 4 de diciembre. En el primero aparece en su sección de "España": "Dos detenidos por desearle la muerte al niño taurino con cáncer"; y el segundo en "Sociedad": "Dos detenidos por desear la muerte".

La última noticia de diciembre la encontramos en *Cultoro*. El 13 de diciembre se hace eco de que "Aizpea Etxezarraga no se arrepiente del mensaje en el que le deseaba la muerte al pequeño Adrián".

7. Conclusiones

En una sociedad como la actual en la que todos estamos interconectados gracias a las redes sociales y a la globalización, el periodismo sigue siendo esa actividad intelectual que nos indica qué temas de nuestro contexto social son los relevantes para estar informados. Como sostenía Lorenzo Gomis (1991) esta labor consiste principalmente en seleccionar los hechos y después interpretar la realidad social. Ahora, la comunicación mediada ha supuesto una revolución en las formas y modos en los que las audiencias y usuarios en general tienen de compartir sus informaciones e inquietudes. Las redes sociales son el nuevo escenario en el que nos relacionamos, interactuamos y, gracias a ello, vamos creando nuestra propia identidad digital.

Los cambios producidos han sido evidentes. De un lado el periodista "escoge entre todo lo que pasa aquello que considera 'interesante'"(Gomis, 1991, p. 38). Y ahora, como fuente de información, como nodo de tránsito, como elemento de intercambio de datos y emociones, aparecen las redes sociales. Y éstas han potenciado el periodismo participativo, social y ciudadano en el que el receptor también se convierte en transmisor y lanza sus mensajes informativos a una audiencia hipotética, global y desconocida. De ahí que la muerte de Víctor Barrio en las astas de un toro, por sí misma, por su impacto, por su rareza, por la relevancia social del personaje e incluso por su juventud, reuniera los elementos necesarios para convertirse en noticia. Y, por otro lado, las redes sociales, principalmente Facebook y Twitter, generaron un volumen tan gigantesco de comentarios repudiando el acontecimiento, (hecho que vendría a considerarse como la expresión de un estado de ánimo de una minoría social); que por la brutalidad de los insultos y de los ataques a los familiares de Víctor Barrio, también se convirtieron en noticia.

A este respecto, Gomis (1991) sostiene que:

> Noticia es la expresión periodística de un hecho capaz de interesar hasta el punto de suscitar comentarios. O, más brevemente, noticia es un hecho que dará que hablar. Pero un hecho que reúna tales condiciones no sólo provocará comentarios, sino también nuevos hechos. El hecho noticioso forma parte de un proceso que no termina en él. Tanto los nuevos hechos que produzcan como los comentarios que suscite son repercusiones del hecho. Por tanto, podemos concluir que noticia es la versión periodística de un hecho capaz de tener repercusión (p. 49).

Cultoro, al ser un medio de comunicación digital y especializado en Tauromaquia, es el primer soporte de los tres analizados en dar la voz de alarma e informar de los ataques se estaban produciendo. Como puede comprenderse, *Cultoro* ya se había hecho eco en otras ocasiones de los muchos insultos que se vierten en las redes sociales contra los festejos taurinos cuando llegan determinadas fechas de la temporada. Pero la muerte de Víctor Barrio traspasó los límites de la tolerancia, de la discrepancia y del respeto a la opinión de todos. Se puede ser antitaurino, se puede ser contrario a las corridas de toros, se puede manifestar en público y las redes la beligerancia contra la muerte del animal, pero siempre intentado comprender la postura contraria. Y lo que sucedió, tras la muerte del matador, sobrepasó todos los límites, hasta tal punto que la Fundación del Toro de Lidia, ente jurídico que engloba los intereses comunes de la tauromaquia, tuvo que emprender acciones legales para poner freno a los ataques.

Desde el punto de vista periodístico, lo que llama la atención reside en que el origen de las informaciones posteriores a la muerte de Víctor Barrio no está en las consecuencias y trascendencia del hecho en sí, si no en el revuelo que provocan las opiniones sectarias, agrias e insultantes de los antitaurinos. No es un hecho en sí, ni una acción determinada, sino una corriente de opinión minoritaria que maneja las redes y sabe de antemano que, cuanto mayor sea el disparate, mayor será la repercusión. Es decir, una opinión mesurada, razonada, argumentada y explicada, no tendrá alcance en los medios de comunicación convencionales. Además, *Cultoro*, al ser un medio taurino ofrece un seguimiento más exhaustivo de todo lo que ocurre en torno a esta noticia. No sólo publica informaciones relevantes de las que también encuentran su hueco en los medios en papel, sino que sirve de altavoz a otras cuestiones reivindicativas del mundo del toro, como por ejemplo la manifestación que se celebró en Almassora.

Respecto de los medios impresos, debe tenerse en consideración son los principios editoriales, entendidos como un conjunto de principios formulados explícitamente por la empresa y destinados a inspirar la filosofía, el planteamiento y los objetivos generales del medio, así como a orientar sus pautas de funcionamiento cotidianas y el posicionamiento moral en función de los distintos temas. Los principios editoriales, por tanto, suponen un compromiso con la información y la comunicación, pues nos indican cómo se va a enfocar la interpretación sucesiva de la realidad y el sentido que van a ofrecer a los hechos que conforman el relato diario de la actualidad. Al comportarse así, la empresa asume un claro compromiso ético, tanto hacia los profesionales que integran su proyecto; como hacia el público y la sociedad que reciben su producto.

Por tanto, la incursión en los medios impresos *ABC* y *El Mundo*, no sólo de la noticia de la muerte de Víctor Barrio y del festival de Adrián, sino también de la polémica surgida en las redes sociales entorno a dichos acontecimientos, supone una apuesta de ambos medios por dar cumplimiento a su contrato moral con su audiencia *ABC* y *El Mundo* se presentan como respetuoso con la fiesta de los toros, y sobre todo, como críticos ante los abusos de la libertad de expresión que ejerce un cierto sector de la sociedad contra la Fiesta de toros. Por tanto, no es el hecho de declararse taurinos, sino que apuestan por la defensa de la libertad de pensamiento y el respeto a las posiciones de todos, sin ultrapasar los márgenes de la convivencia y la moralidad.

Como se comprueba ambos periódicos mantienen una línea editorial contraria a los mensajes antitaurinos por excederse en la crítica a los sucesos e incidir en las repercusiones de los mismos, por vulnerar los derechos fundamentales constitucionalmente protegidos de las personas (honor, e intimidad) y no sólo por el hecho de ser contrarios a la Tauromaquia. Por este motivo, los medios acuden a sus secciones de "Opinión" para reflexionar sobre el funcionamiento de las redes sociales y sobre la incidencia que éstas están teniendo en los modos y maneras que tenemos los ciudadanos de relacionarnos. Estas redes facilitan el maniqueísmo, favorecido por la velocidad en la transmisión de la opinión: o eres taurino o eres antitaurino, o te alegras por la muerte de Adrián y Víctor Barrios, o no te alegras. Eres de la comunidad virtual y ficticia de los contrarios a los toros, o formas parte de los defensores.

E indirectamente, estos artículos de opinión, columnas y editoriales, manifiestan que el poder de influencia de las redes es tan considerable, que esa pura ideología que se vierte a través de *Facebook* y *Twitter* es lo suficientemente potente como para que dos medios de acendrado arraigo social como los escogidos, dediquen suficiente espacio y durante varios días, no a comentar las consecuencias de los sucesos si no a aportar argumentos de la pésima calidad democrática que demuestran nuestros conciudadanos. Es decir, se ha virado el foco de atención. El hecho que debería ocupar espacio en los medios ha dejado lugar a los comentarios (por tanto, opiniones) de cualquier ciudadano que, con cualquier dispositivo móvil, puede publicar y hacer difundir la mayor brutalidad. Es más, los usuarios, conocedores de que apenas hay límites en las redes sociales, son conscientes de que cuanto mayor sea su despropósito argumental, mayor será la oportunidad de encontrar eco en los medios convencionales.

La prueba de lo que sostenemos la encontramos en que *ABC* hacen seguimiento de los hechos que sobrepasa la sección "Toros" y que se cuela en las páginas de la sección de "Sociedad". También El Mundo presta, de forma comprensible, la sección Toros para difundir sus artículos, pero para enderezar el rumbo de los hechos, consigue dos entrevistas de la viuda de Víctor Barrio. En estos dos casos particulares, la polémica surgida en *Facebook* y en *Twitter*, les sirve a los dos medios impresos como resorte inmejorable para reflexionar sobre los valores de nuestra democracia, sobre la tolerancia de la ciudadanía con pluralidad de opiniones, sobre el respeto a las opiniones ajenas y sobra las dificultades que, paradójicamente, representan las redes sociales para la convivencia en armonía.

Bibliografía

- Bardin, L. (2002). *El análisis de contenido*. Madrid: Akal.

- Boczkowski, P. J. (2006). *Digitalizar las noticias. Innovación en los diarios 'online'*. Buenos Aires: Manantial.

- Castells, M. (2006). *La sociedad red, una visión global*. Madrid: Alianza.

- Cebrián Herreros, M. (2010). *Desarrollos del periodismo en Internet*. Sevilla, Zamora: Comunicación Social Ediciones y Publicaciones.

- De Haro de San Mateo, M. V., Grandío, M. d., & Hernández, M. (2010). *Historia en Red. Impacto de las Redes sociales en los procesos de comunicación*. Murcia: Edit.um.

- García Estévez, N. (2012). *Redes Sociales en Interent. Implicaciones y consecuencias de las plataformas 2.0 en la sociedad*. Madrid: Universitas.

- Gomis, L. (1991): *Teoría de los géneros periodísticos*. Barcelona: UOC.

- Pescador Albiach, D. (2001). *Ciberpragmática: el uso del lenguaje en Internet*. Barcelona: Ariel.

- Tannen, D. (1999). *La cultura de la polémica: del enfrentamiento al diálogo*. Barcelona: Paraidós.

CAPÍTULO V

PERIODISMO: REFERENTE COMUNICATIVO EN LA SOCIEDAD DE LA INFORMACIÓN

Mario M. Ordóñez Fernández

Es un placer participar en este libro y reflexionar sobre la Comunicación y el Pensamiento porque si ambas áreas del conocimiento no van de la mano están abocadas al fracaso. Es una de las conclusiones a las que he llegado tras casi 20 años ejerciendo el periodismo. Una realidad comunicativa, el periodismo, a la que ahora me estoy dedicando como investigador en la Facultad de Ciencias de la Información en Madrid.

Dentro del título general de este Simposio que es el ejercicio del periodismo en la Sociedad de la Información mi ponencia busca situar y reconocer el sentido de esta actividad en este contexto, en esta era digital y móvil a cuyos usuarios les llega información por múltiples canales y las referencias comunicativas y periodísticas clásicas están más difusas. Es en este contexto donde sitúo mi investigación que tiene una perspectiva comunicativa y sociológica.

La ponencia parte de la siguiente hipótesis: periodismo: referente comunicativo en la Sociedad de la Información. Referente entendido en su acepción de modelo o prototipo, y en este caso de mensaje comunicativo e informativo para describir, explicar, interpretar y dar sentido a la actualidad y a la realidad comunicada de la que se ocupa el periodismo.

El profesor Martínez Albertos[10] ponía en cuestión en su libro, El ocaso del Periodismo, que el trabajo social que la sociedad moderna le ha encargado al periodismo desde su aparición (de describir e interpretar la actualidad a través de la jerarquización, síntesis y presentación de los temas sobre los que el periodista cree que hay que informarse) está en grave riesgo con los nuevos canales de información: "El periodismo es una técnica social en peligro de extinción", asegura Albertos, debido a la actual mentalidad posmoderna que "no respeta la diferencia entre hechos y comentarios" y sobre todo que no reconoce al periodista como el mediador legítimo que da sentido a la realidad a trasvés de la construcción de relatos informativos, honestos y veraces.

Mi punto de vista, en base a las líneas de investigación en las que trabajo, es que, a pesar de los riesgos y problemas (señalados muy acertadamente por el profesor Albertos, en este libro escrito ya hace unos años y que es una aviso a navegantes a tener muy en cuenta) ese trabajo social del periodismo

---

[10] Martínez Albertos, José Luis. (1997): El ocaso del periodismo. Barcelona. Cims.

sigue vigente y no solo eso, sino que el periodismo es referente comunicativo en nuestra sociedad y sus características se están viendo potenciadas en su adaptación a esta era digital como expondré a continuación. Pero antes para situarnos en perspectiva echemos la vista atrás.

El periodismo surge en la sociedad industrial hacia 1850 con los mass-media y las grandes audiencias. Los medios de comunicación, primero los periódicos y la radio y posteriormente la TV, cuentan con grandes audiencias en esta época. Sus mensajes se elaboran bajo unos códigos profesionales y éticos y se lanzan a los receptores que pasivamente los consumen y sobre los que ejercen una gran influencia y efectos. La mediación del periodista es clara y así se le reconoce en la sociedad. En ocasiones esta capacidad de influir en las audiencias sirvió de base para muchos fraudes periodísticos como la aparición de la prensa sensacionalista o amarilla décadas después.

En nuestra actual era digital estas grandes audiencias están diseminadas en múltiples canales de información y los usuarios lejos de ser actores pasivos de consumo de información se han convertido en sujetos activos del proceso comunicativo que en muchas ocasiones interactúan con uno o varios canales simultáneamente. A pesar de este cambio de paradigma, el hecho de que los usuarios actualmente hagan una búsqueda individual de la información (y en ocasiones lancen sus propios mensajes para reforzar o modificar la información que reciben) es compatible con que la función del periodista y del periodismo siga vigente y sea referente en nuestros días.

Por ejemplo el periódico digital está manteniendo el modelo a través del cual el periodista sigue jerarquizando y sintetizando las informaciones en el periódico para que este mensaje periodístico llegue al público con sus efectos. La función sociológica del periodismo sigue vigente e incluso, como anunciábamos anteriormente, se está potenciando el periodismo informativo con la continua actualización de informaciones en los periódicos digitales. Esta actualización continua hubiera sido el sueño de aquellos esforzados editores de los siglos pasados que llegaron a lanzar varias ediciones al día en sus rotativas para mantener plenamente informado a sus lectores. Esa actualización ahora es automática y más veloz que en cualquier otro medio de comunicación por encima incluso de los medios audiovisuales, si consideramos que la prensa digital ya no lo es.

Y es que el papel que ocupaba la radio y la TV en este sentido de inmediatez ha sido arrebatado en parte por los diarios digitales que son instantáneamente consultados por los usuarios y sus contenidos actualizados por los periodistas. Hoy en día esta parte de actualización inmediata es una de las principales prioridades de los medios digitales que saben que están ganando la batalla de las consultas instantáneas a través de los diferentes soportes digitales (sobre todo el teléfono móvil), lo que ha potenciado su influencia y su labor social. Esta influencia también la ejercen sobre el resto de medios periodísticos.

En el momento actual en el periodismo escrito se da una combinación entre el periodismo impreso y digital, una retroalimentación para cubrir el ámbito informativo y el de interpretación y análisis del que tradicionalmente se ha ocupado la prensa de papel, que cuenta con algo más de tiempo y sosiego para elaborar este tipo de mensajes. En los periódicos que aún mantienen las dos versiones, papel y digital, apreciamos esta interacción. Es habitual que las cabeceras digitales contengan las crónicas y análisis que ese mismo día se pueden leer en la versión de papel. La urgencia de actualizar los contenidos al momento impide que se hagan análisis e interpretaciones con la misma celeridad pero sí se ponen a disposición del lector horas después del acontecimiento y a la misma vez que en la versión impresa. Por su parte en los periódicos digitales sin versión de papel se incluyen piezas de análisis e interpretación una vez contada la noticia cuando surge que es, como decimos, la prioridad de este medio de comunicación.

La prensa digital, también tiene un gran soporte de mensajes audiovisuales por lo que se puede afirmar que el periodismo digital tiende al periodismo total que incluye mensajes escritos y audiovisuales y desde luego hoy es el situado estratégicamente con más posibilidades para desarrollarse en el futuro inmediato. De hecho la mayoría de medios de comunicación nuevos que han surgido son periódicos digitales.

Todos estos cambios y evoluciones son adaptaciones para que la comunicación periodística siga vigente y siendo referente comunicativo. El fortalecimiento del mensaje periodístico en la era digital también lo vemos en la radio. Se puede escuchar por diferentes plataformas y soportes como el teléfono móvil y sus aplicaciones en internet y también a través de los podcast que permiten escuchar en cualquier momento los contenidos que se insertan en los soportes digitales de cada radio. Algo que permite tener mayor fuerza y difusión a dichos mensajes. Como vemos con estos ejemplos el mensaje periodístico puede llegar al usuario de más formas y en condiciones mucho más variadas y flexibles lo que permite adaptarse mejor a los hábitos de consumo de éstos y potencia las posibilidades de dichos mensajes. Muchas de estas evoluciones y adaptaciones las iremos viendo en el futuro de la comunicación y del periodismo.

Cambio de paradigma comunicativo

Una vez aclaradas estas consideraciones generales vamos a describir las bases que me llevan a establecer la hipótesis de trabajo de esta ponencia.

El paradigma comunicativo o realidad comunicativa ha cambiado, lo ha hecho ya hace tiempo con la irrupción de internet hace más de 20 años, dando lugar, entre otros fenómenos, a la llamada Sociedad de la Información. El teórico de la Comunicación Manuel Castell[11] sostiene que el nuevo paradigma tecnológico permite que la misma información se convierta en el producto del proceso de producción. El centro de ese paradigma, que ahora es cúbico y de movimiento circular entre sus elementos y no lineal, como lo era en la concepción clásica de la fórmula de Lasswell[12], es el mensaje, en este caso el mensaje periodístico que es sobre el que esta ponencia pone el foco.

Así lo describe la catedrática en Periodismo María Jesús Casals[13] cuando otorga al mensaje la hegemonía en el sistema comunicativo por encima de los emisores, receptores, canales, fuentes y efectos. En este sentido es importante señalar que en la era digital, el mensaje periodístico no se desvirtúa porque transcurra por otros canales. El mensaje se impone al resto de elementos. Se adapta a otros canales sin perder su esencia. Y por eso es el objeto principal de estudio, bajo nuestro criterio. Cuando se habla de las diferencias entre los periódicos de papel y los digitales se habla de una adaptación de ese mensaje al canal pero éste no llega a perder su esencia. En el caso de la prensa digital de calidad, aunque sus contenidos se diferencian de los que ofrece el papel, el periodismo sigue manteniendo su función social de jerarquizar y sintetizar las informaciones que considera pertinentes para que los receptores hagan prevalecer su derecho a la información. Las informaciones más importantes siguen mostrándose en primer lugar bajo los criterios periodísticos. Luego sí es cierto que hay otro tipo de informaciones, en cuarto o quinto lugar de importancia, que pudríamos calificar de más ligeras que la jerarquización clásica que ofrece el papel pero siguen siendo mensajes que cumplen con los códigos profesionales y éticos que rigen el periodismo. Por lo tanto sí apreciamos que hay un esfuerzo en los contenidos por captar más tipos de lectores pero los criterios de jerarquización principal de las noticias se siguen manteniendo.

El mensaje periodístico tiene unos códigos profesionales y deontológicos, y unas funciones sociológicas sustentadas en su teoría de géneros periodísticos que le hacen ser un mensaje profesional con anclaje en la realidad que está obligado a contrastar y corroborar los hechos antes de ser elaborado, publicado y lanzado. Estas exigencias infranqueables no están presentes en otro tipo de mensajes que pululan por los diferentes canales de información de nuestra era.

---

[11] Castells Manuel (1997): La era de la información. Economía. Sociedad y Cultura.Madrid. Alianza Editorial (3 vol.)

[12] Lasswell, Harold D. (1948). "The Structure and Function of Communication in Society", in Schramm, W. (Ed.). (1960). Mass Communications (2nd ed.).

[13] Casals, María Jesús (2005): Periodismo y sentido de la realidad. Teoría y análisis de la narrativa periodística. Madrid. Fragua.

Sobre esta teoría de los géneros en la que se sustenta la razón de ser del periodismo ha investigado en profundidad el profesor Martínez Albertos[14]. Y es en este contexto donde el mensaje periodístico tiene que cumplir con estas características tanto como mensaje aislado en cualquier canal de información como formando parte de una publicación que jerarquice y sintetice la actualidad junto a otros mensajes, es decir formando parte de un medio de comunicación.

Ese mensaje que realiza el periodista, con sus conocimientos profesionales y sus valores éticos, es el sistema narrativo o relato informativo más completo con el que contamos para describir, interpretar y explicar la realidad en la que el periodismo pone su foco.

Periodismo y relación con la realidad

En este sentido, y siguiendo con las bases de nuestra hipótesis de trabajo, el periodismo solo puede tener tres relaciones con la realidad y con los acontecimientos de la actualidad de los que se ocupa. El periodismo puede describir los hechos que considera noticia, interpretarlos y explicarlos (hasta aquí los géneros de información) y por último valorarlos y juzgarlos lo que llamamos géneros de opinión que buscan persuadir y formar opinión (editorializan o solicitan opinión).

En las tres partes hay una operación subjetiva porque es un individuo el que selecciona y jerarquiza los hechos y elementos de esa actualidad que va a incluir en su relato para dar sentido a la realidad. Pero esta subjetividad intrínseca a cada individuo tiene unas normas en el caso del periodismo que depende del género en el que se esté trabajando y del propósito que tiene el periodista respecto a sus lectores. En el caso de las noticias, las crónicas y los reportajes esta labor se lleva a cabo dentro de los géneros de información. Aquí la disposición psicológica del periodista (para cada género es diferente) es la de trasladar con la máxima profundidad, teniendo en cuenta los límites del periodismo, la realidad al receptor. Si son noticias se trata de describir y sintetizar unos hechos. En el caso de la crónica y el reportaje ya nos encontramos en un segundo nivel de profundidad donde entre en juego el análisis y la interpretación. Los tipos de juicios que se emplean para unos géneros y otros son diferentes pero siempre tienen que partir y sustentarse en los hechos y no cruzar la frontera de la opinión y los juicios categóricos. Este mensaje tiene que ser veraz, creíble y convencer al lector. En este sentido la honestidad del periodista es clave para el mensaje.

Aunque es una actividad subjetiva porque la lleva a cabo un individuo, las normas del periodismo, si se cumplen, hacen que este relato se pueda calificar de objetivo siempre y cuando cumpla con los siguientes conceptos:

---

[14] Martínez Albertos, José Luis.(1991): Curso General de Redacción Periodística(Ed. Revisada).Madrid.Paraninfo.

precisión, exactitud, y rigor (contrastación de la información, atribución de las fuentes informativas). Todos los hechos que se describan en una información periodística tienen que ser comprobables. En este sentido hay informaciones con un grado mayor de facticidad que otras dependiendo de los hechos concretos de los que informen. No es lo mismo informar sobre una catástrofe natural que sobre las declaraciones políticas de un portavoz del Gobierno. Aun así la exactitud y la precisión de lo que se cuenta debe tener su correspondencia con los hechos de los que se está ocupando el relato. Esta concepción nos permite conocer el nivel de precisión que hay en las informaciones, es decir hasta qué punto los datos que se describen son comprobables y exactos para cumplir con su verdadera función informativa.

Pero el periodismo también va más allá a un segundo nivel de profundización y de interpretación de la realidad. El maestro Kapuscinski[15] lo explica muy bien cuando afirma que "el periodismo no se puede quedar solo en describir la realidad tiene que explicarla en su contexto a su audiencia". En esta etapa encontramos los juicios de análisis e interpretación. Son juicios basados y sustentados en hechos de la realidad, ya que se utilizan dentro de los géneros de información. En la mayoría de las ocasiones en las crónicas y los reportajes se emplean los juicios analíticos y sintéticos. Los primeros describen consecuencias a partir de unos hechos, los segundos resumen y acotan realidades que ya son comprobables. En el análisis y en la interpretación también caben otro tipo de juicios como los hipotéticos o los disyuntivos que los periodistas que son grandes conocedores del tema que están analizando pueden permitirse siempre que los justifiquen con datos e informaciones contrastadas que apoyen los citados juicios que pueden adelantar líneas futuras o establecer disyunciones.

En la tercera función del periodismo: la opinión, ya intervienen los juicios categóricos de los hechos y la argumentación. Se trata de juicios cerrados y valorativos propios de la opinión. La intención de los emisores ya no es contar o interpretar la realidad sino persuadir y solicitar adhesiones a estos puntos de vista. La disposición psicológica del periodista es convencer. Estos juicios también tienen límites y medirán su consistencia en base a los hechos en los que se sustenten. Es lo que podemos denominar juego limpio en la opinión. Es cierto que es una función que está muy supeditada a la información. El periodista David Randall[16] lo explica muy gráficamente: "qué sería de los tertulianos y opinadores sin los reporteros, los que se encargan de descubrir y contar la verdad".

---

[15] KAPUSCINSKI, Ryszard (2011): Los cínicos no sirven para este oficio. Barcelona.Anagrama.

[16] Randall, David (2009):El Periodista Universal. Madrid.Siglo.

Establecidas estas bases, ¿qué nos encontramos en esta "era digital, móvil y social"? , como la califica el director del Washington Post, Martin Varon[17]. En primer lugar no podemos hablar de un receptor de los mensajes informativos pasivo que consume sin más el mensaje elaborado por el emisor. Éste recibe información de todo tipo, bien que le llega o bien que busca por múltiples canales. Hay que tener en cuenta que la audiencia hoy está atomizada en múltiples estratos (o capas o grupos) lo que genera que se disipen para muchas audiencias los medios clásicos y de referencia de la información. Las audiencias se han dividido y en ocasiones en compartimientos estancos que no tienen relación con otras fuentes o canales. Es verdad que la referencia del medio de comunicación clásico se está disipando en las nuevas generaciones que hacen más una búsqueda de información en el ciberespacio. Y eso conlleva evidentemente riesgos.

Por lo tanto junto al mensaje periodístico, también coexisten otros mensajes: publicidad, propaganda, espectáculo, relaciones públicas, pseudohechos, rumores, falsas noticias y todos llegando a públicos muy diferentes entre sí que tienen hábitos diferentes de relacionarse con la información. En ocasiones estas audiencias están abiertas a otras fuentes y canales pero también ocurre lo contrario. Que estos grupos solo se nutren a través de una vía. Y aquí nos enfrentamos ante un gran problema: La distinción e identificación por parte de las diferentes audiencias, como decimos ya no se puede hablar de público en general, de la identidad, naturaleza y propósito real de los citados mensajes. También se ha referido a este problema el ensayista Ernesto Hernández Busto[18]: "El público consume junto a la información real, pseudohechos disfrazados de noticias...la noticia es aquello que se comparte de inmediato...y los hechos se confunden con las opiniones".

Es ahí donde el periodismo surge, bajo nuestro punto de vista, en la Sociedad de la Información, que por su naturaleza, epistemológica y de praxis, está obligado a corroborar los hechos, a descubrir y publicar la verdad (La verdad comunicada, no filosófica).

Y lo debe hacer y lo está haciendo con más fuerza en la Sociedad de la Información porque tras más de dos décadas de evolución de internet se hace imprescindible un ancla de la información con la realidad.

El hijo de George Orwel, Richard Blair[19], que ha presentado en febrero de 2017 una exposición sobre su padre en España, y sobre la obra 1984, cuando fue preguntado por las lecciones que el periodismo debería sacar de la obra de su padre dijo: "se honesto. Lo más importante son los hechos que puedes

---

[17] Ver en entrevista a Martin Varon, diario El País, 26 de enero 2017, pag 24.

[18] Casajuana Carles. 2016. El periodismo fantasma. Publicado en EL País el 14 de octubre pag.13

[19] Ver en entrevista a Richard Blair, diario El País, 22 de febrero 2017, pag 28.

corroborar, no la realidad como a ti te gustaría que fuera". Esta distinción entre información y opinión, entre el relato de unos hechos comprobables, aunque haya mediación subjetiva, y los juicios categóricos de alguien que pretende persuadirnos y solicitar que nuestro punto de vista coincida con el suyo, es básica para la relación de la sociedad con la realidad que le rodea. El mensaje periodístico sigue respetando esta distinción y establece con el receptor una relación de confianza y respeto que permite desarrollar su función social con garantías éticas.

La posverdad, falsas noticias y bulos

Esta idea, relacionada con la Sociedad de la Información, engarza con la peligrosa invención de la posverdad o los "hechos alternativos", como los calificó la asesora senior del presidente de Estados Unidos DonaldTrump, Kellyanne Conway[20], en enero de 2017 cuando justificó con la citada expresión la versión dada por la Casa Blanca sobre las personas que habían acudido a la toma de posesión del presidente Trump ¿Cómo se desmontó la idea que la administración Trump quiso difundir sobre las personas que habían acudido a la toma de posesión del presidente? Desde la Casa blanca negaban las informaciones que aseguraban que acudieron menos personas a la toma de posesión de Trump que a la del anterior presidente Obama y esgrimieron lo que llamaron: hechos alternativos para sostener lo contrario.

La prensa de calidad buscó y publicó los datos reales de las personas que acudieron a la toma de posesión de Obama y los contrastaron con las personas que realmente acudieron a la de Trump con imágenes de ambos eventos. Y ante esto no puede haber nada alternativo. De nuevo surge el Periodismo como modelo y como referencia donde se acude para conocer la verdad comunicada.

Es cierto que el periodismo en general no es perfecto que también comete errores y en ocasiones está ideologizado y responde a intereses concretos bien sean políticos, económicos o sociales. En estos casos lo que sucede simple y llanamente es que el periodismo está incumpliendo con los códigos profesionales y deontológicos que se le presuponen y por lo tanto no es que se convierta en mal periodismo, es que directamente deja de ser periodismo para convertirse en propaganda o publicidad o simplemente en una información sesgada que intenta manipular a sus receptores con unos propósitos determinados.

Algunas grandes empresas de la Sociedad de la Información como Google para ganar credibilidad ante el fenómeno de las noticias falsas que circulan por las redes sociales sin control han puesto en marcha un proyecto en el

---

que trabaja ya con los principales diarios de Estados Unidos. Nos puede parecer delirante que una noticia falsa, o directamente inventada, pase por una verdadera pero está sucediendo y hay que ser implacables en este sentido. Los principales directores de diarios de Estados Unidos hablan ya abiertamente de este trabajo de asesoría que están haciendo para Google y otras plataformas que hasta ahora no se han preocupado nada o muy poco sobre la calidad de las informaciones que se insertan en sus poderosas plataformas.

A veces los objetivos de quienes promueven las falsas noticias no son políticos, ni siquiera ideológicos. Pueden ser económicos. Cuando se envían por ejemplo bulos, noticias inventadas o estridentes a algunos perfiles determinados de usuarios que los pueden divulgar, y de hecho lo suelen hacer, es para fomentar el consumo de datos de telefonía móvil. Lo que reporta suculentos beneficios. En otras ocasiones sí vemos una intencionalidad política o ideológica en la generación y difusión de estos bulos. Y esto nos lleva a otra reflexión importante sobre el mensaje periodístico: éste deja de serlo cuando tiene una intencionalidad más allá de dar sentido a la realidad de la que se está ocupando. Cuando la intención de ese relato está fuera de los criterios periodísticos y tiene fines políticos o ideológicos pierde su función social de garantizar el derecho a la información de los ciudadanos.

Modelo, el periodismo

En este ejemplo vemos que se acude al modelo. Al mensaje periodístico que lleva batallando por narrar la realidad desde hace 150 años. La explicación es aparentemente sencilla: los otros mensajes que pululan y comparten espacio en la Sociedad de la Información con el mensaje periodístico (propaganda, publicidad, espectáculo, relaciones sociales, rumores, bulos, falsas noticias, etc.) no tienen como objetivo dar sentido a la realidad sino satisfacer sus intereses. Algunos son legítimos pero el receptor debe saber identificar su naturaleza y función. Lo característico del mensaje periodístico, como hemos señalado ya, es la no intencionalidad, más allá de cumplir su función social.

Estos llamados a la acción que a veces encontramos tras una falsa noticia o un bulo se suelen revestir de la defensa de derechos fundamentales pero en el fondo buscan manipular a las audiencias para satisfacer sus intereses, movilizarla en pos de un objetivo que no es informativo y encierra un verdadero programa ideológico.

Y esto está sucediendo y con cierto éxito sobre todo en los grupos o públicos que solo acuden a determinados canales de información y que han perdido de vista la referencia. El problema no es que circule propaganda sino que se presente como noticias. No se puede sustituir un plano por el otro. No es

una operación inocente. Es una operación que busca imponer sus criterios.
Manejar y manipular a la audiencia.

Anclaje con la realidad

Por lo tanto el periodismo asegura un anclaje con la realidad a la que da
sentido. Debe ser preciso, exacto, (no exagerado, ni fabulador) veraz y en
esa medida es objetivo, neutral e imparcial porque busca la realidad de los
hechos no satisfacer los intereses específicos de un grupo determinado o de
una parte determinada del proceso comunicativo.

Su único compromiso debe ser con el receptor y con la realidad en la que ha
puesto el foco. Se distingue de otros mensajes en estos aspectos profesionales y deontológicos porque sin deontología no hay periodismo. Y los límites
son reconocidos por emisores y receptores. También incide en ello el diplo-
mático Carles Casajuna[21]: "La tecnología no distingue entre los rumores, los
infundios y los hechos confirmados. Sin un periodismo fiable, la libertad de
opinión opera en falso y la democracia se degrada"-

A pesar de su gravedad, el fenómeno de las falsas noticias y los bulos no es
un fenómeno completamente nuevo ni genuino de esta era. A lo largo de la
historia podemos ver innumerables ejemplos de estas estrategias principalmente puestas en práctica por regímenes totalitarios para propagar ciertas
ideas en la población. La propaganda y la mentira tienen grandes antecedentes y las herramientas para combatirla siempre son las mismas: construir relatos veraces que den sentido a la realidad con profesionalidad y
deontología.

Esta idea nos lleva a la reflexión de fondo de la cuestión. El derecho pleno
a la información y a la participación de los ciudadanos en una sociedad libre
y democrática pasa por salvaguardar y ejercer el periodismo con responsabilidad. También por detectar esa otra corriente de relatos engañosos que
con la pretensión de contar la realidad se inventan una que se ajuste a sus
intereses e ideología. Sin una narración veraz de los acontecimientos de la
actualidad, la sociedad estará fracasando y se dañarán los derechos fundamentales de sus ciudadanos. Cuando el periodismo no hace su trabajo, o se
lo impiden, la sociedad se resiente. Y en este punto vuelvo a la hipótesis con
la que iniciaba esta ponencia: el periodismo es referente en la Sociedad de
la Información. Porque es tomado a día de hoy, por una parte significativa
de la sociedad e incluso por las empresas que operan en la sociedad de la
información, como modelo para dar sentido a la realidad, para producir relatos veraces y honestos. Es el mensaje comunicativo de referencia porque
busca que la realidad coincida con lo que se comunica. Y eso es algo que

---

[21] Hernández Busto, Ernesto. 2016. La erosión de la verdad. Publicado en El País el 28 de
octubre, pag 15.

receptores y empresas de la Sociedad de la Información quieren con frecuencia, afortunadamente. Por lo tanto el mandato que tiene el periodismo de la sociedad de llevar a cabo un trabajo social básico sigue plenamente vigente.

Riesgos del periodismo y conclusión

Esto no significa que la hipótesis que manejamos represente una verdad absoluta ni que sea inmutable en el tiempo, ni que no existan riesgos e impedimentos para que este mensaje periodístico sea hegemónico o se lleve a cabo con libertad. Cuando la realidad (la verdad comunicada) colisiona con determinados intereses, el periodismo es perseguido y en muchas ocasiones aniquilado. Y de ello desgraciadamente vemos ejemplos a diario en muchos países del mundo.

La independencia del periodismo es vital para poder ejercer su función. En las sociedades donde los medios no han logrado ser independientes de los poderes públicos y privados no se ejerce con eficacia. Podríamos decir que su función está mermada o no puede desarrollarse en plenitud.

Y esta hipótesis tampoco significa que los problemas que se nos plantean, aquí hemos esbozado algunos, estén resueltos para siempre. El esfuerzo por dar solución a estos problemas tiene que continuar para subsanar otros que nos seguirán surgiendo como sociedad donde la información ha adquirido tanta importancia política y económica para convertirse en el centro de producción social.

El primer reto está en el propio periodismo que permanentemente está luchando para preservar su función ante los continuos intentos del poder político, social y económico de convertirlo en una herramienta que sirva a sus intereses y postulados. Tampoco el periodismo desde sus empresas debe desvirtuarse para tener más audiencia. No es cierto que internet haya acabado ni tenga que acabar con el periodismo. Muy al contrario es una gran oportunidad para que se perfeccione y su función social sea más eficaz incluso que en el pasado.

Ya hemos visto ejemplos de elementos potenciadores del periodismo en la era digital (La radio y el periódico digital). Está en la mano de los editores y periodistas seguir manteniendo la esencia y los valores de una actividad que redunda en el bienestar de toda la sociedad.

El periodismo, como hemos visto en algunas ocasiones, no debe dejar de serlo para sobrevivir y obtener audiencia. El fenómeno no es nuevo en este sentido. El sensacionalismo y el periodismo amarillo surgidos en el siglo XX son desvirtuaciones de este oficio para conseguir más éxito de audiencia o réditos económicos y políticos. Este tipo de mensajes no han hecho que el

periodismo desaparezca. Sino que con un análisis responsable como receptores somos capaces de identificarlo y de que quede en evidencia frente al
de calidad y de referencia.

Es cierto que este tipo de periodismo, o de no periodismo por ser exactos,
sigue existiendo pero a día de hoy en absoluto es referente y hegemónico
como sí sucede con el de calidad.

Hay que estar como ciudadanos vigilantes para que la realidad coincida con
su relato y no nos escamoten los hechos para dirigirnos y controlarnos. El
periodismo nos ayuda a esto. Si perdemos esta batalla nos instalemos en la
terrible parábola de 1984 de Orwel. O haciendo honor al título general del
este Congreso, las nuevas libertades, de la maravillosa tecnología, nos harán esclavos.

BIBLIOGRAFÍA

- ARIAS MALDONADO, Manuel (2016): La democracia senti-
  mental. Política y emociones en el siglo XXI. Barcelona.Página
  Indómita.

- BERNAL, Manuel (2007): La crónica periodística. Tres aproxi-
  maciones a su estudio. Sevilla. Padilla Libros Editores & Libre-
  ros.

- BLÁZQUEZ, Niceto (1991): Información responsable (Vol.1).
  Madrid. Noticias.

- CASALS, María Jesús (2005): Periodismo y sentido de la realidad. Teoría y análisis de la narrativa periodística. Madrid. Fragua.

- .- (2000): La opinión periodística. Argumentos y géneros para la
  persuasión. Madrid. Fragua.

- GOMIS, Lorenzo (2008): Teoría de los géneros periodísticos.
  Barcelona. UOCpress.

- GRIJELMO, Alex (2008): El estilo del periodista. Madrid. Taurus.

- KAPUSCINSKI, Ryszard (2011): Los cínicos no sirven para este
  oficio. Barcelona.Anagrama.

- MARTÍNEZ ALBERTOS, José Luis (1997): El ocaso del periodismo. Barcelona. Cims.

- .-(1991): Curso General de Redacción Periodística(Ed. Revisada).Madrid.Paraninfo.

- MARTÍN VIVALDI, Gonzalo (1998): Géneros periodísticos. Reportaje. Crónica. Artículo. Madrid. Paraninfo.

- PANIAGUA, Pedro (2015): Los géneros en la Red:reportaje, entrevista y crónica. Madrid. Fragua.

- RANDALL, David (2009):El Periodista Universal. Madrid.Siglo.

CAPÍTULO VI

EL PROCESO DE DISEÑO EN LA NARRATIVA MULTIMEDIA DE UNA REVISTA DIGITAL ELABORADA POR ESTUDIANTES DE PERIODISMO

José Alberto Fabela Borrego
Gloria Olivia Rodríguez Garay
Universidad Autónoma de Ciudad Juárez (UACJ, México)

Resumen

La investigación en curso propone la elaboración de un modelo de revista digital estudiantil que a través de los procesos de enseñanza-aprendizaje constructivistas adoptados en el Modelo Educativo de la Universidad Autónoma de Ciudad Juárez Visión 2020, los alumnos de la carrera de Periodismo de esta universidad mexicana puedan construir su conocimiento gracias a la práctica en un ambiente real, profesionalizante y destinado a formar especialistas del periodismo que adopten las tendencias de esta profesión que se practica en línea. Esta manera de acercar las TIC's en el proceso de enseñanza del ciberperiodismo otorga libertad en el descubrimiento y generación de los conocimientos del propio proceso de aprendizaje a los estudiantes. La construcción de un modelo de revista digital elaborada por alumnos de periodismo aporta una experiencia operativa que no se puede sustituir con teoría en el aula. Más importante aún es que el interés de los jóvenes nativos digitales por experimentar con tecnologías emergentes demuestra que en su vida y acciones diarias utilizan de manera provechosa la misma, lo cual como se sabe, tiene un impacto en el proceso de enseñanza. Si bien se entiende que los estudiantes actuales dominan las redes y medios digitales en sus actividades personales, es necesario precisar que desarrollar una competencia profesional dentro del ciberperiodismo, que construya un discurso informativo gracias a las herramientas multimedia y recursos narrativos hipertextuales, es algo que demanda el desarrollo de habilidades específicas y para ello es necesario profundizar en el proceso de enseñanza-aprendizaje con metodologías constructivistas correspondientes a la técnica del diseño de producto ciberperiodístico.

Abstract: This ongoing research establish to design a template of a college digital magazine that through the constructivist teaching and learning processes adopted within the Educational Model of the Universidad Autónoma de Ciudad Juárez 2020 Vision, students of the Journalism program of this mexican institution can build their expertise based on the practice on a real and professionalizing environment adressed to form journalism specialists that adopt the tendencies of this profession in the cyberspace. The approach of bringing closer the ICTs to the teaching process of cyberjournalism grants freedom in searching and discovering of knowledge both to teachers and students. The development by students of the digital magazine template give the participants an operative experience that can´t be replaced by classroom theory. More important even, is the fact that the natural curiosity and wish of young and digital native students to experiment with new technologies is clearly shown on their daily activities and have an impact on their learning processes. Is very clear that young people is very well qualified to use gadgets and social media environments but is necessary to point out that the needed abilities required to become a professional cyberjournalist in full domain of multimedia tools and digital narratives is something that demand very specific skills and in order to acquire that knowledge, the product design technique through the process of teaching-learning with constructivist methodology becomes very relevant.

Palabras clave: Ciberperiodismo. Modelo constructivista. Diseño. Narrativa multimedia. Hipertexto. Tecnologías de la Información y la Comunicación.

Keywords: Cyberjournalism. Constructivist model. Design. Multimedia narrative. Hypertext. Information and Communications Technologies.

1. Introducción

El programa de Periodismo de la Universidad Autónoma de Ciudad Juárez (UACJ), ciudad fronteriza en el estado de Chihuahua al norte de México, surge como una necesidad de proveer a la comunidad los profesionales del periodismo que respondan a la dinámica particular de esta ciudad del norte de México.

Ciudad Juárez, elegida por la Fundación Rockefeller como una de las 100 ciudades en resiliencia a nivel global (Berkowitz, 2014), presenta grandes complejidades, por un lado, es un polo de desarrollo de la industria manufacturera de México cuya cercanía con los Estados Unidos de América, uno de los mayores mercados del mundo, le otorga grandes ventajas comerciales pero, por el otro lado, está misma facilidad de intercambio genera un mercado negro de drogas, armas y trata de personas que afectan el progreso de la ciudad.

Ante esta compleja realidad, la propuesta de la UACJ es formar profesionales que entiendan y reflejen, a través de su práctica periodística, los problemas que enfrenta la sociedad fronteriza; considerando a este experto como

> ... la persona que se dedica al periodismo, en cualquiera de sus variedades, ya sea en la prensa escrita, en los medios audiovisuales (radio, televisión e Internet), o bien en los medios digitales y en los gabinetes de comunicación o empresas de servicios de comunicación social. (Reig, 2010: 69).

El programa de Periodismo de la UACJ está formado por 45 materias que se cursan en nueve semestres, sin embargo este plan de estudios solo contempla dos cursos orientados al ciberperiodismo: taller de periodismo digital en séptimo semestre y producción de páginas electrónicas en noveno.

Esta disparidad entre las materias donde se aborda la enseñanza del periodismo de la manera tradicional y la labor periodística en línea presenta un problema para afrontar los retos de la profesión ante las necesidades y desafíos de la información en la era digital; así como en profundizar y transmitir la información tan particular, a través de medios digitales, que se genera en Ciudad Juárez.

2. Método

Basado en una metodología cualitativa con el diseño de la investigación acción, a través de instrumentos de recolección de datos como la observación participante y el registro puntual de las diversas etapas en la construcción del modelo de revista digital multimedia; se observa y analiza el objeto de estudio en todas sus etapas y en su lugar de gestación para poder llegar a conclusiones a partir de la observación empírica de todos los elementos que intervienen en el desarrollo de la revista.

Se plantean varias etapas (Quecedo y Castaño, 2002) en la construcción metodológica de la investigación; entre ellas la definición de los criterios que se emplean en el diseño de la revista digital así como las normas periodísticas necesarias para mantener un mínimo de calidad (entendida esta como el hecho de alcanzar las propiedades inherentes y adecuadas que rigen el periodismo), en la pieza periodística. Después viene la observación, acopio de datos y registro documental de todo el proceso para que al final del período de diseño y producción del modelo multimedia se pueda llegar a resultados del estudio y conclusiones que conduzcan a la respuesta del supuesto de investigación sobre el proceso de enseñanza-aprendizaje de entornos virtuales y el periodismo digital.

2.1. El Entorno Virtual de Enseñanza-Aprendizaje (EVE-A) para el ciberperiodista

La investigación en curso propone la elaboración de un modelo de revista digital estudiantil en el que, a través de los procesos de enseñanza-aprendizaje constructivistas adoptados en el Modelo Educativo de la Universidad Autónoma de Ciudad Juárez Visión 2020, los alumnos de la carrera de Periodismo de esta universidad mexicana puedan construir su conocimiento gracias a la práctica en un ambiente real, profesionalizante y destinado a formar especialistas del periodismo que adopten las tendencias de esta profesión que se practica en línea. Atendiendo a que un buen periodista es

> ... aquel profesional que busca, investiga y contrasta hechos, aconteci-
> mientos, noticias o temas de actualidad que suceden y seguidamente, los
> redacta o los expone de manera clara, concisa y exacta, difundiéndolos y
> haciéndolos público para que lleguen así al mayor número posible de re-
> ceptores. (Reig, 2010: 69).

Lo cual, como observan Pérez Tornero y Giraldo Luque (2010), es la prioridad en el periodismo, pues lo contrario, como arguyen, es la conclusión
errónea de que el ciberperiodista es un experto en el uso de las nuevas herramientas técnicas. "La tecnología se ha convertido en el elemento central
del discurso, obviando otros aspectos de igual o mayor importancia en el
proceso comunicativo, como la necesidad de transmitir unos mensajes de
interés y adecuados al medio on-line." (Pérez Tornero & Giraldo Luque,
2010: 258). Es la evolución del ejercicio periodístico bajo la concepción del
periodista digital u on-line como un periodista "orquesta" que ha sido ca-
pacitado para asumir tareas de producción, tanto en prensa, radio o televisión, etc., hacia un periodista que trabaja como un gestor de contenidos,
orientador y filtro; inmerso en la sobreabundancia de la información. (Pérez Tornero & Giraldo Luque, 2010: 265).

Debemos recordar en ello que Antón y Méndez (2010) recalcan la observación de los investigadores Salaverría y Díaz Noci quienes señalan que
cuando se habla de la actividad periodística en la red es preferible usar el
término ciberperiodismo aunque este sea de mayor uso en España que en
América Latina, donde se percibe que hay vaguedad en el reconocimiento
de la terminología en esta vertiente periodística pues se utilizan indistinta-
mente periodismo online, periodismo en línea, periodismo multimedia y en
particular periodismo digital para referirse al ciberperiodismo que se define
como: "... aquella especialidad del periodismo que emplea el espacio para
la investigación, la elaboración y, muy especialmente, la difusión de contenidos periodísticos." (Salaverría y Díaz Noci en Antón y Méndez, 2010: 48).

Este contexto del ejercicio del periodismo actual y globalizado plantea acercar las TIC's en el proceso de enseñanza del ciberperiodismo y otorga libertad en el descubrimiento y generación de los conocimientos del propio proceso tanto a los estudiantes como a los docentes. La construcción de un modelo de revista digital elaborada por estudiantes de periodismo aporta una
experiencia operativa que no se puede sustituir con teoría en el aula. Más
importante aún es que el interés de los jóvenes nativos digitales, por experimentar con tecnologías emergentes, demuestra que en su vida y acciones
diarias utilizan de manera provechosa la misma, lo cual como se sabe, tiene
un impacto en el proceso de enseñanza.

Si bien se entiende que los estudiantes actuales dominan las redes y medios
digitales en sus actividades personales; pero por ello es necesario precisar

que desarrollar una competencia profesional dentro del ciberperiodismo, que construya un discurso informativo gracias a las herramientas multimedia y recursos narrativos hipertextuales, es algo que demanda el desarrollo de habilidades específicas al periodismo y por lo tanto es necesario profundizar en el proceso de enseñanza-aprendizaje con metodologías constructivistas correspondientes a la técnica del diseño del producto ciberperiodístico.

Dentro de los beneficios académicos están una mejor preparación del estudiante para enfrentar la realidad laboral a través de una herramienta que le sea propia y que refleje en un aprendizaje práctico la teoría recibida en el aula. Esta investigación es relevante para la sociedad juarense pues al tener mejores profesionales del periodismo ejerciendo sus conocimientos de manera más completa, tendremos una comunidad más informada y participativa ante los conflictos propios de una sociedad dinámica que posibilite una participación activa en la solución de su problemática social.

Así surge la pregunta ¿de qué manera el diseño de un Entorno Virtual de Enseñanza- Aprendizaje (EVE-A) a manera de una revista digital que integre la narrativa multimedia, fortalece la construcción de un discurso ciberperiodístico en los estudiantes de periodismo de la UACJ?

2.2. El Modelo Educativo UACJ Visión 2020 y la enseñanza del ciberperiodismo

El Modelo Educativo UACJ Visión 2020 (Lau, Mears, Montano & Torres, 2002) declara seis principios fundamentales por los que se rige y en los que este proyecto de investigación encuentra fundamentos para integrar los mismos al proceso de enseñanza de los alumnos de periodismo:

1. El sujeto debe jugar un papel activo en su aprendizaje.
2. El aprendizaje es un proceso de construcción del conocimiento y la enseñanza es un apoyo al proceso de construcción social del mismo.
3. Los conocimientos son construidos por los sujetos que se apropian de ellos mediante el lenguaje y la actividad.
4. El descubrimiento y la construcción del conocimiento permiten un aprendizaje significativo e integral que tiene el poder de ser transferido a otras situaciones y favorecer la adquisición de métodos de trabajo y estudios.
5. En el proceso de construcción del conocimiento deben interactuar el alumno, el objeto de conocimiento, la relación sujeto-objeto, el alumno y el docente, y el medio.
6. El sujeto debe desarrollar la capacidad de reflexión científica y creatividad suficiente para solucionar problemas

> reales a través del uso crítico del conocimiento (Pp. 26-27).

Se propone que los alumnos de periodismo sean los encargados de operar y administrar el modelo de revista digital multimedia que se construya como resultado de la investigación. De acuerdo al propio modelo educativo existen varias técnicas de enseñanza que son pertinentes a esta propuesta, entre ellas están por ejemplo el diseño de producto, el diseño de página web y el diseño de prototipo (Lau *et al.*, 2002: 56) como estrategias de aprendizaje que sustentan uno de los objetivos aquí contemplados.

Así podemos inferir que el modelo de revista digital es un territorio para aplicar los conocimientos adquiridos a lo largo de la preparación académica del estudiante. Serán los estudiantes quienes le den sentido a la publicación digital gracias a los temas que consideren importantes incluir de acuerdo a su propia interpretación de la realidad en la que se desenvuelven. Desde la perspectiva de esta investigación, la libertad temática garantiza que los alumnos encuentren en esta plataforma el medio para tratar periodísticamente los problemas de la comunidad a la que pertenecen.

Esta capacidad de tratar libremente las problemáticas (sociales, culturales, económicas, literarias, etc.) que su inclinación natural les llame a reportear, permitirá que la práctica periodística dentro de la revista digital se convierta en una forma de expresarse y gracias a la propuesta en la que se construya la redacción ciberperiodística se reafirmarán los conocimientos que le son propios a esta vertiente del periodismo.

Para lograr el aprovechamiento de este recurso peridístico se recurrirá a las características que son propias de los entornos virtuales de enseñanza-aprendizaje, ya que en realidad este ejercicio o práctica ciberperiodística no se dará en el aula sino que se plantea como una actividad alterna o complementaria a las responsabilidades académicas propias del ciclo escolar del estudiante.

En este contexto Herrera (2006) define al ambiente de aprendizaje de la siguiente manera:

> Un ambiente de aprendizaje constituye un espacio propicio para que los estudiantes obtengan recursos informativos y medios didácticos para interactuar y realizar actividades encaminadas a metas y propósitos educativos previamente establecidos. En términos generales se pueden distinguir cuatro elementos esenciales en un ambiente de aprendizaje:
>
> a. Un proceso de interacción o comunicación entre sujetos.
> b. Un grupo de herramientas o medios de interacción.
> c. Una serie de acciones reguladas relativas a ciertos contenidos.

> d. Un entorno o espacio en donde se llevan a cabo dichas actividades (p. 2).

Si se aplican estos axiomas a la propuesta de revista digital multimedia, se distingue claramente que todos son factibles de cumplirse. En primer lugar el cibernauta usuario de la revista digital contemplará un producto final, este es el resultado de un proceso largo de reflexión y producción. Se parte en primera instancia de un tema que el periodista o en este caso, el periodista en formación, considera de interés general, después la redacción de la pieza periodística de acuerdo a los estándares que se proponen en esta misma investigación y por último la publicación correspondiente a la propuesta de multimedialidad pertinente.

En segundo lugar, la misma revista digital multimedia es la herramienta por medio de la cual se da la interactividad internamente (entre usuario y computadora o ambiente virtual) y a la vez se convierte en un vehículo de interacción con la comunidad en la que se circunscribe (entre periodista y audiencia).

Como tercer punto tenemos que aunque los temas son de acuerdo al interés personal de cada participante (alumno) y el proceso de escritura se da en libertad, hay una serie de necesidades y recomendaciones que la propia revista demanda en su concepción y, como se manifiesta en varias partes de la investigación, se trata que las piezas periodísticas cuenten con la calidad de escritura pertinente, respondan a la estilística expresiva del genero y se correspondan a los conceptos de hipertextualidad, multimedialidad e interactividad, privativos del Internet, con los que la propia pieza se difunda en el mundo digital. Considerando a su vez las influencias en la redacción y estructura periodística que hace tiempo evolucionó con los géneros periodísticos complementarios por su cualidad de fragmentación en unidades autónomas pero con subordinación temática, relacionado este aspecto precisamente a la característica hipertextual en donde la información es fragmentada y en paquetes; pero además otras cualidades, como afirma López Hidalgo (2002):

> Desde hace unos años el periodismo ha ido evolucionando con la pretensión de ser más visual, más fácil de leer, de llegar al lector con más facilidad. El periodismo ha buscado cada vez un diseño más atractivo, una tipografía legible y estética, fotografías e imágenes que hagan más digeribles las páginas, el color como un recurso útil y atractivo. Se han multiplicado los elementos de la titulación que faciliten la lectura en doble velocidad. Y se han troceado los textos para hacerlos más breves y legibles. Es decir, se ha ofrecido la información fragmentada. De manera que un texto principal aparecía en la página complementado con otros textos que estaban subordinados al primero desde un punto de vista temático, si bien desde la perspectiva de su estructura interna eran autónomos. (Pp. 43-44).

De esta manera el ciberperiodismo se correlaciona en su forma y estructura con los estilos periodísticos fragmentados y la estética del periodismo visual (despieces, complementos, fotonoticias, infografías, etc.) y que se suman a los aportes delas nuevas formas comunicativas del Internet (chtas, foros, blogs, mensajes de texto, infografías animadas, entrevistas on line, encuestas, etc.).

En este orden de ideas, el último punto o cualidad corresponde al espacio o entorno donde se da la actividad. Esta propuesta no está basada en la disposición de un espacio físico donde los alumnos lleguen a practicar lo que aprenden en las aulas al terminar su jornada escolar. Lo que contempla es que sea un medio profesionalizante donde se manifiesten sus ideas, propuestas y necesidades de una manera no convencional, es decir, no con una redacción lineal que va más acorde con el mundo de la información impresa sino que adopte las tendencias multimedia actuales que se dan en el periodismo en línea.

Torres y Ortega (2003) plantean que el principio del aprendizaje activo señala que entre más sentidos y capacidades cognitivas se den en la construcción del conocimiento, se obtendrá un mejor resultado en la calidad del aprendizaje; y que como consecuencia de establecer un medio didáctico digital interactivo, el alumno tiene a su disposición una mayor riqueza expresiva para manifestarse pero que es necesario dotar al estudiante de las herramientas multimedia para canalizar el torrente de contenidos que se generan (Torres & Ortega, 2003: 6).

Esta necesidad de dotar de instrumentos multimedia e interactivos a los estudiantes está presente en la propuesta de revista digital multimedia pues las capacidades que requiere el ciberperiodismo implican el dominio de herramientas interactivas que complementen según sea el caso, pues no están limitadas ni atadas unas a las otras, a las historias que los mismos estudiantes proponen en el medio digital.

En este sentido Martín Barbero (1992) ya señalaba, en el surgimiento de la era de la información, que es necesario que los programas educativos "incorporen como objeto de estudio los relatos y las esté ticas audiovisuales que configuran la literatura cotidiana de las mayori as" (p. 6). Según esta investigación, al insertar los conceptos de multimedialidad, interactividad e hipertextualidad a la práctica del periodismo en línea, gracias al modelo de revista digital, se logra que los participantes en ella comprendan esta literatura audiovisual a la que alude Martín Barbero (1992), y sean partícipes en la construcción de nuevos conocimientos para los lectores del medio digital a partir de este tipo de contenido generado en la elaboración de sus piezas periodísticas.

Una ventaja de utilizar las plataformas digitales como medios de enseñanza es que se construye aprendizaje con los compañeros de aula, como en este particular caso o propuesta. El conocimiento, aunque se transmite a través de un ambiente virtual, tiene una presencia tangible en las pantallas de las computadoras más allá de la propia presencia de los alumnos y puesto que la revista digital multimedia está en línea, generará una comunidad virtual donde productores de contenido y lectores del mismo establezcan una relación y comunicación interactiva y con ello una comunicación mediada.

Según Cabero (2007) dentro de las ventajas que proporcionan los entornos virtuales están las posibilidades de la comunicación asincrónica lo cual suministra un gran abanico de elementos para establecer comunicación entre diversas idiosincrasias, por ejemplo, generalmente las personas que participan en comunidades reales también lo hacen en las virtuales más no así las que socializan predominantemente en la virtualidad (Cabero, 2007: 7).

Con respecto a la manera en que las TIC's inciden en la práctica del periodismo, Casals (2006) señala que estos instrumentos son un sustento en la educación pues se mantienen al ritmo demandante de la información que pide la época y también marcan al estudiante más allá de sus estudios universitarios pues al acompañarlo en su vida profesional colaboran a que su ejercicio profesional sea mejor y con mayor compromiso con la sociedad. Declara que "las nuevas tecnologías, en definitiva, están obligando a delimitar las características del periodismo desde la perspectiva incuestionable de su función social." (Casals, 2006: 68).

Esquivel y Tejedor (2011) son claros al afirmar que "La alfabetización ciberperiodística, debe ser entendida como una ampliación de la denominada "alfabetización digital", responde a este planteamiento formativo dotado de una doble dimensión: Lo instrumental o pragmático, por un lado. Y lo humanista o cultural, por otro" (p. 3) con lo que arguyen que no basta solo el dominio de determinado software o incluso hardware para desenvolverse en este campo sino que es necesario incrementar su capacidad de análisis, de lectura, de raciocinio de escritura e investigación (Esquivel & Tejedor, 2011: 2).

Por su lado, en las conclusiones de su estudio: Necesidades de formación para medios digitales en América Latina, Franco (2009: 13) dice que la necesidad latinoamericana por una formación de excelencia en ciberperiodismo está en el aire, pero que gracias al desarrollo de internet está al punto de lograrse. Agrega que salvo algunos casos, la educación tradicional presencial no ha podido detonar las posibilidades del mundo digital. Acusa a las instituciones educativas de tener una ambición más económica que formativa al destinar la especialización a cursos y programas de postgrado y no al desarrollo pleno en los pregrados.

Por todos estos motivos es posible afirmar que desarrollar entornos virtuales de enseñanza del ciberperiodismo tiene un amplio espectro de aplicación y posibilidad de desarrollo, a fin de establecer el sitio propicio para el entrenamiento adecuado de los futuros ciberperiodistas.

Los retos que implica el desarrollo de la enseñanza del ciberperiodismo según señala Tejedor (2008) son:

a. Superar la perspectiva "reduccionista" sobre el ciberperiodismo, que se refiere a estigmatizar al periodismo en línea como solo un conducto de manifestación en los periódicos digitales sin agotar todas las posibilidades de manifestación semántica en la red.

b. Otorgar mayor credibilidad al ciberperiodismo. Esto es otorgar en los planes de estudio la presencia que demanda esta actividad e incrementar el prestigio entre los profesionales, docentes e investigadores que esta rama del conocimiento tiene *per se*.

c. Replantear los planes de estudio en las carreras de periodismo de manera tal que haya mayores asignaturas dedicadas a promover el aprendizaje y la práctica de esta actividad, restringir las materias como optativas e introducir un plan que garantice su inclusión de manera más formal en la distribución de la carga académica.

d. Promover la transversalidad mixta que implica no solo la práctica del periodismo en línea sino la capacitación en los softwares competentes para desarrollar una actividad plena y que la adquisición de conocimiento sea a profundidad.

e. Establecer vínculos estrechos entre universidad e industria de manera que lo que se aprende en el aula se corresponda con las necesidades cambiantes en el mundo profesional y promover una actualización constante en cuanto a los últimos desarrollos en el campo laboral.

f. Mantener un perfil del docente a la par de la actualidad tecnológica, así se garantiza que el profesorado este en constante evolución atendiendo de manera natural los cambios que surgen en el periodismo en línea con lo que se garantiza que el alumnado esté a la par de lo que sucede en el mundo profesional.

g. Desarrollar programas de postgrado acordes con el crecimiento que demanda el ciberperiodismo.

h. Conformar equipos multidisciplinarios que impacten en los productos que se publiquen al tener una mayor riqueza no solo conceptual sino en los modos en que se dan a conocer al público (Tejedor, 2008: 34-37).

Tejedor (2008) promueve también otras directrices entre las que incluye la formulación de foros de intercambio de ideas sobre ciberperiodismo; desarrollar un mayor acervo bibliográfico sobre el tema; promover el crecimiento de observatorios donde se analice el estado del arte del periodismo en línea; pactar intercambios de prácticas laborales en medios establecidos; revisión constante de los planes de estudio para actualizar y rediseñar los mismos de manera proactiva (Pp. 37-38).

Lo que nos dice esto es que en realidad el camino es estar en constante sincronía con lo que pasa en el mundo profesional, de manera que lo que sucede en el aula es un fiel reflejo de lo que acontece en las redacciones en línea de los medios digitales.

3. Resultados

Aún cuando está en fase de desarrollo el modelo de revista digital que se utilizará en el programa de Periodismo de la UACJ, diferentes ejercicios de narrativa multimedia han sido elaborados por los alumnos.

En primer lugar, han recibido diversas sesiones de formación sobre diseño de páginas web: codificación en HTML, administración de un sitio a través del CMS (Content Management System), Wordpress y diseño libre a través de plantillas con Wix.

Todos estos sistemas de creación y administración de contenidos permiten que el estudiante entre en una fase inmersiva al conocimiento sobre las posibles plataformas donde se puede difundir contenido multimedia. Esta investigación considera importante que los estudiantes de periodismo sean capaces de desarrollar narrativas no lineales a través del ciberperiodismo, y a la vez conozcan los soportes, la manera de administrar y, en su caso, programar el contenido que su labor periodística genere.

Después de estos acercamientos preliminares con las plataformas de publicación, los estudiantes han trabajado en pequeños sitios web con una temática acorde a su predilección personal. En ellos se les ha guiado a cerca de redactar sus piezas para que ofrezcan potencialidad multimedia y diversidad en sus enlaces.

Varios autores han teorizado sobre la manera en que se deben de construir los enlaces que le den forma a la narración hipertextual de las piezas periodísticas. Cantalapiedra (2003) considera una amplia tipología sobre características de nodos que pueden enlazar una pieza informativa tales como: único, múltiple, externo, interno, propio, ajeno y varios más. Salaverría (2006) propone por su lado que los enlaces pueden ser: documentales, de ampliación informativa, de actualización y de definición. Esta investigación considera que los tipos de enlace propuestos por Fondevila y Segura (2012) son más recientes en su concepción, más sencillos en su definición y por lo tanto pueden ser asimilados de mejor manera por los periodistas en formación. Los tipos de enlace referidos son: contextuales, que están relacionados con alguna de las "W" de la noticia; relacionales, que están emparentados con algún aspecto de la noticia como pueden ser los antecedentes y recomendados, que aportan mayor información o extienden la comprensión del tema.

Es así que los ejercicios de avance registrados hasta el momento han sido satisfactorios tanto en el grado de comprensión de los conceptos básicos como en la manera en que se han producido los primeros trabajos publicados en los sitios personales de cada estudiante.

La siguiente etapa de la investigación comprende la construcción del modelo de revista digital con el fin de homologar la presentación de los contenidos y estructurar temáticamente los mismos asignando un rol específico a cada participante en cuanto a su intervención en el proyecto. Con esto se busca dar un sentido de pertenencia a los integrantes de manera que lo adopten y lo manejen enteramente con relación a sus intereses profesionales.

Será gracias al producto que esta investigación decante, que los futuros periodistas serán capaces tanto de construir piezas periodísticas hipertextuales y multimediales, promover la interrelación y asociación de contenidos en la pantalla de la computadora, presentar diseños topográficos que estímulen la navegación en la información por paquetes o segmentos para profundizar en la misma y utilizar en forma adecuada las distintas sustancias expresivas de los medios para informar al cibernauta. Ademas de desarrollar las habilidades con las que sean capaces de administrar y publicar por sí mismos los recursos que sus reportajes u otros géneros priodísticos incluyan.

4. Conclusiones

El resultado final de esta investigación contempla diseñar y elaborar una revista digital aplicando los principios del diseño de producto dentro del modelo constructivista de enseñanza-aprendizaje, promovido en el Modelo Educativo UACJ Visión 2020, que sirva para detonar la práctica y generación del discurso ciberperiodístico por los alumnos de Periodismo de la Universidad Autónoma de Ciudad Juárez a través de la narrativa multimedia, propia del periodismo digital.

Es evidente que esta herramienta de aprendizaje es una oportunidad para que los futuros periodistas adquieran los conocimientos propios perfilados a la excelencia profesional, que ponga en práctica su bagaje intelectual a través del ciberperiodismo y que gracias a su inmersión en dicha plataforma, sean partícipes de la búsqueda de soluciones posibles para recomponer el tejido social de una ciudad lastimada que con su esfuerzo cotidiano retoma su identidad de ciudad abierta, amistosa y rica en expresiones culturales. Que sea el buen periodismo quien testifique de esta dura lucha pues para muchos la vida les va en ello.

5. Referencias bibliográficas

- ANTÓN, M. y MÉNDEZ, C. (2010). "Sinergias entre periódicos y ciberperiódicos: estudio de los diarios El País, El Mundo, ABC, La Razón, La Vanguardia y El Periódico de Cataluyna". En CEBRIÁN HERREROS, M. (dir). *Desarrollos del periodismo en internet*. Comunicación Social: Zamora, España. Pp. 42-64.

- BARBERO, J. M. (1992). Nuevos modos de leer. Seminario Mito o Realidad del Libro. V Feria Internacional del libro. Bogotá, Colombia. [consulta: 20-3-17]. Recuperado de: http://www.everyoneweb.com/WA%5CDataFilesluismartintrujillo%5CMartinBarberoNUEVOSMODOSDELEER.pdf

- BERKOWITZ, M. (2014). Anouncing our next round of resilient cities! *100resilientcities.org*. [consulta: 20-3-17]. Recuperado de:

- http://www.100resilientcities.org/blog/entry/announcing-our-next-round-of-resilient-cities#/-_/

- CABERO, J. (2007). "Comunidades virtuales para el aprendizaje. Su utilización en la enseñanza". En *Revista de Tecnología de Información y Comunicación en Educación*. 1 (1), 2007, pp. 5-38, Universidad de Carabobo (Venezuela).

- CANTALAPIEDRA, M. J. (2003). Enlazar información. *Hipertext.net*. Núm 1, 2003. [consulta: 20-3-17]. Recuperado de: https://www.upf.edu/hipertextnet/numero-1/enlazar.html

- CASALS, M. (2006). "La enseñanza del periodismo y las nuevas tecnologías de la información y de la comunicación". En *Estudios sobre el Mensaje Periodístico*, 12: 59-70, Universidad Complutense de Madrid.

- ESQUIVEL, F. y TEJEDOR, S. (2011). "La alfabetización ciberperiodística en la enseñanza universitaria". En *Actas III Congreso Internacional de Latina de Comunicación Social*. Universidad de La Laguna.

- FONDEVILA GASCÓN J. y SEGURA JIMÉNEZ, H. (2012). El peso de la hipertextualidad en el periodismo digital: estudio comparativo. En *Cuadernos de Información, 30:* 31-40. [consulta: 20-3-17]. Recuperado de:

- http://cuadernos.info/index.php/CDI/article/viewFile/420/398

- FRANCO, G. (2009). *Necesidades de formación para medios digitales en América Latina.* FNPI [Fundación para el Nuevo Periodismo Iberoamericano]. [consulta: 20-3-17]. Recuperado de: http://www.saladeprensa.org/art890.pdf

- HERRERA, M. (2006). "Consideraciones para el diseño didáctico de ambientes virtuales de enseñanza: una propuesta basada en las funciones cognitivas del aprendizaje". En *Revista Iberoamericana de Educación.* Núm. 38 (5), 25-04-06. Organización de Estados Iberoamericanos.

- LAU, J., MEARS, M., MONTANO, C. y TORRES, M. (2002). *Modelo Educativo UACJ: Visión 2020. Versión breve.* Universidad Autónoma de Ciudad Juárez (México).

- LOPEZ HIDALGO, A. (2002). *Géneros periodísticos y complementarios, Una aproximación crítica a los formatos del periodismo visual.* Comunicación social ediciones y publicaciones: Sevilla, España.

- PÉREZ TORNERO, J. y GIRALDO LUQUE, S. (2010). "El ciberperiodista en la web 2.0: concepciones, perfiles y habilidades del periodista en la Red social". En CEBRIÁN HERREROS, M. (dir). *Desarrollos del periodismo en internet.* Comunicación Social: Zamora, España. pp. 257-278.

- QUECEDO, R. y CASTAÑO, C. (2002). "Introducción a la metodología de investigación cualitativa". *Revista de Psicodidáctica.* Núm. 14, 2002, pp. 5-39.

- REIG, R. y DOMÍNGUEZ, L. R. (2010). "Teoría del periodismo según los periodistas". En REIG, R. (dir). *La dinámica periodística. Perspectiva, contexto, métodos y técnicas.* Universidad de Sevilla: España. Pp. 63-101.

- SALAVERRÍA, R. (2006). *Redacción periodística en internet.* Eunsa: Navarra.

- TEJEDOR, S. (2008). "Ciberperiodismo y universidad: diagnósticos y retos de la enseñanza del periodismo on-line". En *Anàlisi: quaderns de comunicació i cultura.* 36: 25-39. Universitat Autónoma de Barcelona.

- TORRES, S. y ORTEGA, J. (2003). "Indicadores de calidad en las plataformas de formación virtual: una aproximación sistemática". En *Revista Etica.net,* 1, Julio, 2003. Universidad de Granada. [consulta: 20-3-17]. Recuperado de:

- http://www.ugr.es/%7Esevimeco/revistaeticanet/Numero1/Articulos/Calidade.pdf

TÉCNICAS DE VERIFICACIÓN DE LA INFORMACIÓN PARA LA PRAXIS DE UN PERIODISMO RESPONSABLE

Dra. Alba Rosa Barreth González, MSc[22]
Universidad de Guayaquil
Lcda. Julia Dolores Abifandi Cedeño, MSc.[23]
Universidad de Guayaquil

RESUMEN

El periodismo es una disciplina aplicada a nivel mundial. En Ecuador se ha evidenciado graves deficiencias en temas de responsabilidad periodística, para el uso del material informativo que es difundido por las redes sociales. Hay informaciones que no son verificadas ni contrastadas, como determina el profesionalismo y la ley; por lo cual surge la interrogante: ¿Cuál es el proceso adecuado para el manejo de los datos informativos publicados en las redes sociales? En busca de la respuesta a dicha pregunta se plantean los siguientes objetivos: a) Analizar las fuentes de confirmación de la información utilizadas por los comunicadores sociales. b) Identificar los procedimientos para el contraste de la información en otros países. c) Diseñar una propuesta de aplicación profesional para la verificación de la información, procurando la responsabilidad periodística. La metodología utilizada en la investigación es analítica y cualitativa; para lo cual se realizó la revisión bibliográfica, recolección y estructuración de datos informativos, clasificando sus elementos para observar las causas, la naturaleza y los efectos, los cuales permitieron analizar los parámetros del problema planteado y la aplicación de los marcos legales pertinentes, que regulan este tipo de actividad comunicacional. Las técnicas de recolección de información fueron: el grupo focal a profesionales de la comunicación, que utilizan los datos noticiosos publicados en las redes sociales como insumo de trabajo diario, expertos de la comunicación social, directores, editores y los gestores de redes sociales *"Community Managers"* de los medios de comunicación social. La propuesta consiste en diseñar lineamientos profesionales para la verificación de la información, procurando la responsabilidad periodística. El desarrollo de este estudio contribuye con los comunicadores sociales para el empleo de las plataformas digitales con responsabilidad.

---

22 Magister en Gerencia en Educación Abierta. Docente titular de la Facultad de Comunicación Social de la Universidad de Guayaquil.
23 Magister en Diplomacia y Relaciones Internacionales. Periodista, Docente TC, de la Facultad de Comunicación Social de la Universidad de Guayaquil.

Palabras Claves: periodismo, información, redes sociales, responsabilidad social, técnicas de verificación

ANTECEDENTES

La comunicación actual es el producto de años de esfuerzo realizados por el hombre para comunicarse de una manera más rápida y sencilla. El sitio web Wordpress.com (2013) hace un resumen puntual de algunos de los hechos relevantes en la historia de la comunicación:

5000 A. C: La comunicación del ser humano era a través de sonidos, gruñidos y expresiones corporales.

3000 A. C: Se crean los jeroglíficos en Egipto, para transportar y transmitir la información importante por papiros, muros, piedras (...)

1.700 – 1.500 A.C: Como forma de comunicación Siria y Palestina se idearon símbolos que describían sonidos individuales, lo cual se la consideró la primera semejanza del alfabeto. Mientras que los griegos crearon la Heliografía, basada en un modo de reflejar la luz del sol en superficies organizadas con espejos.

430 A.C: Se utilizaron antorchas como medio de comunicación. Para los romanos simbolizaban señales de guerra.

360 A. C: Surge el telégrafo de agua que envía señales de humo a través del vapor generado por el agua almacenada en barriles que se los abría y cerraba para emitir la humarada y enviar las señales.

1.729: Stephan Gray descubre que la electricidad puede ser transmitida.

1.801: Se inventa la pila del Volta, tomando el nombre del inventor físico-italiano Alessandro Volta.

1.837: El primer Telégrafo es inventado por Samuel Morse inventa

1.844: Samuel Findley Breese Morse perfeccionó el código Morse.

1.853: Gracias a Bell, se crea el Telégrafo por cable simultáneo.

1.873: Graham Bell, emplea el dispositivo – Voz Visible, para la enseñanza de niños Sordos. En el mismo año se desarrolla la "teoría de las comunicaciones" por medio de las matemática, cuyo autor fue James C. Maxwell.

1876: Bell y Watson transmiten por primera vez, una señal de voz por medio de un cable eléctrico.

1878: Aparece la primera central Telefónica en New Haven, EE.UU.

1880: Una lámpara de incandescencia, le da la pauta a Thomas Alva Edison para descubrir el fenómeno de emisión en un filamento caliente.

1892: En Indiana aparece la primera Central Telefónica.

1895: Utilizando ondas de radio, Guglielmo Marconi, logra realizar la primera transmisión telegráfica inalámbrica.

1896: Se diseña el primer teléfono de disco, cuyos autores fueron Frank Lundquist, y los hermanos John y Charles Erickson. En este mismo año aparece la radio. La primera patente, la obtuvo Marconi.

1899: Gran Bretaña y Francia se comunican a través un cable telegráfico que creó Marconi.

1921: La T.S.F. (telegrafía sin hilo francesa) En París se utiliza la Torera Eiffel como antena, para los primeros ensayos de programas de radio.

1925: Funcionaban 600 emisoras de radio en todo el mundo.

1925: Gran Bretaña, inicia los primeros inventos de la televisión.

1937: Nace la primera televisión de calidad como servicio público. En este mismo año **John Atanasoff** desarrolló la primera computadora digital electrónica.

1942: Se inventa el casette para grabación magnética de audio.

1944: Howard H. Aiken´s diseña el primer computador programable llamado MARK1 (EEUU)

1946: Nace la primera computadora totalmente electrónica conocida como ENAC, gracias a Eckert y Mauchly. Este medio contenía 1500 relés y acerca de 18000 tubos.

1951: Se promociona la primera computadora comercial que disponía de mil palabras de memoria central y podía leer cintas. (diskettes)

1962: Nacen las comunicaciones digitales de alta velocidad.

1969: Aparece, la primera red de computadores Arpanet.

1972: Estados Unidos, construye las primeras **2839** conexiones de TV cable.

1977: Aparece la telefonía celular. El primer prototipo de sistema celular comercial se instala en Chicago, por AT&T.

1989: Nace el Internet en el Instituto Europeo de Investigación de Física de Partículas (CERN) gracias a Tim Barners Lee... Nace la "World Wide Web" (www) del Internet

1996: Comienza la telefonía IP

2009: EE. UU. Da paso a la Televisión Digital.

La era digital ha cambiado la forma de hacer periodismo en la actualidad, y las plataformas se han convertido en un medio esencial a la hora de difundir la información. El periodista de hoy utiliza esta herramienta digital para ejercer con mayor eficacia su profesionalismo.

Ramona Claudia Domínguez. (2015) señala en su libro, Periodismo Plataforma: "El trabajo periodístico se vio superado hace tiempo por la aparición de internet y posteriormente por las redes sociales (....)". Y es que la intervención de la tecnología activa la producción de información, involucra su actualización inmediata y constante.

En este contexto nuevas herramientas, como: los teléfonos inteligentes y las tabletas, contribuyen a la generación, investigación y difusión de noticias, para llegar de una manera rápida y sencilla a la sociedad. Surge así para Domínguez (2015), "El concepto de unión y/o entrecruzamiento, fusión de tecnologías" que refiere que un mismo dispositivo toma fotografías, graba videos y audios, escribe textos, reproduce la producción propia con la de otros, se publica y se viraliza en tiempo breve haciendo uso del lenguaje trans-media.

Hay informaciones que no son verificadas ni contrastadas, como determina el profesionalismo y la Ley. Por lo cual surge la interrogante: ¿Cuál es el proceso adecuado para el manejo de los datos informativos publicados en las redes sociales?

REVISIÓN DE LITERATURA:

Como base investigativa se ha considerado los siguientes términos: Periodismo, información, redes sociales, responsabilidad social y técnicas de verificación:

Periodismo

Según, Horacio Verbitsky (2015), periodista y escritor argentino:

> Periodismo es difundir aquello que alguien no quiere que se sepa, el resto es propaganda. Su función es poner a la vista lo que está oculto, dar testimonio y, por lo tanto, molestar. Tiene fuentes, pero no amigos. Lo que los periodistas pueden ejercer, y a través de ellos la sociedad, es el mero derecho al pataleo, lo más equitativa y *documentadamente posible*.

Para **Verbitsky,** el periodista tiene como única función encargarse del lado malo, "criticar todo y a todos", y lado bueno "se encarga la oficina de prensa; de la neutralidad, los suizos; del justo medio, los filósofos, y de la justicia, los jueces. Y si no se encargan, ¿qué culpa tiene el periodismo?"

Por otra parte, para el escritor y periodista americano Bill Kovach (2015): "El periodismo es la primera versión de la historia. Las pautas éticas son para los periodistas como las estrellas para los antiguos navegantes, quizá no las lleguemos a usar nunca, pero sin ellas, estaríamos perdidos"

La revista MARCESPIN.COM1, (2015) recoge los conceptos de algunos autores, sobre el significado del periodismo y de lo que es el periodista. Para Iñaki **Gabilondo**, periodista español el periodismo, "No es un oficio del que uno se pueda jubilar, porque en el fondo es muy vocacional, está relacionado con el intento permanente de intentar entender el entorno y con el instinto permanente de contarlo". Cita de su último libro, "El fin de una época".

Mario **Vargas Llosa**, escritor y periodista, habla de principal función:

> *El periodismo, tanto el informativo como el de opinión, es el mayor garante de la libertad, la* mejor herramienta de la que una sociedad dispone para saber qué es lo que funciona mal, para promover la causa de la justicia y para mejorar la democracia. (El país, 2006)

Gabriel **García Márquez**, escritor y periodista refiere que: "El periodismo es el mejor oficio del mundo". (El país, 2006) Sin embargo, con la crisis, el desempleo y el empeoramiento de las condiciones laborales, en 2014, el periodismo era considerado como la segunda peor profesión del mundo por la web de empleo CareerCast (2014).

Según la Real Academia Española, (RAE) periodismo es la captación y tratamiento, escrito, oral, visual o gráfico, de la información en cualquiera de sus formas y variedades, y el periodista, es la persona legalmente autorizada para ejercer el periodismo.

En contexto, se puede decir que el periodismo es la captación de datos, que contribuyen a generar información que será difundida a la sociedad en forma de noticia, gráfica, oral o escrita, por el responsable de elaborar dicha información, en este caso, el periodista.

Información

Según la RAE, información es la acción y efecto de informar. En el campo del periodismo, la información está constituida por un grupo de datos, que analizados, y debidamente ordenados, servirán para construir una información o mensaje. "La información permite resolver problemas y tomar decisiones que es la base del conocimiento".

Hasta hace unos años, el periodismo y la difusión del mensaje informativo, tenían como intermediarios el papel, la radio y la televisión, utilizando espacios limitados.

Hoy existe una nueva herramienta para la generación y difusión de información periodística. Es un recurso que llega más rápido, en el que no existe el límite de espacio y ofrece la posibilidad de vincular **contenidos** o enlazar fuentes de información, como son Internet y las redes sociales

Sin embargo, el uso de esta herramienta tecnológica, ha dado la oportunidad para que sujetos no vinculados a la actividad periodística se conviertan en generadores y difusores de mensajes. Dichos mensajes son a veces utilizados por periodistas que por el deseo de figurar u obtener la primicia, irrespetan la jerarquía de la información **y la difunden son verificar la realidad de los datos obtenidos.** Priorizar la velocidad para publicar una información, puede llevar a más de un comunicador social a caer en un gran error profesional.

Redes sociales

RAE define a las redes sociales, como: "sitios de internet que permiten a las personas conectarse con sus amigos e incluso realizar nuevas amistades, de manera virtual, y compartir contenidos, interactuar, crear comunidades sobre intereses similares: trabajo, lecturas, juegos, amistad, relaciones amorosas, relaciones comerciales, etc"

La revista Alicia Comunicación.com (2015), cita a Rosa Pujol quien expresa que la comunicación e información de un hecho se han visto modificadas por las redes sociales, situación que incluso ha transformado la forma de trabajar de los medios de comunicación y los periodistas, sin embargo se desconoce si el futuro de dicha evolución, será positiva o negativa.

La misma revista agrega las palabras de Robert Hernández, profesor de periodismo en la Universidad de California del Sur citando: "no es momento de juzgar si es bueno o malo estar en las redes sociales. La realidad es que hay que estar en ellas". También refiere que sin embargo al ser periodista se debe utilizar las herramientas con el objetivo de informar y que como valor fundamental no se puede perder nunca la credibilidad. Hernández añade: *"Confío en las nuevas generaciones de periodistas, crecidos y educados en la era digital, para que sean capaces de colocar el derecho a la información veraz"* (...) "La rapidez se impone a la veracidad, y la brevedad a la contextualización. Pero no todo lo que se escribe en una red social es cierto. Y es el trabajo del periodista confirmar la veracidad de esa información". Al menos así lo consideran la mayoría de periodistas experimentados anteriores a los de la era digital, puntualiza Hernández.

La realidad es que los jóvenes ya no se informan de la manera tradicional, para ellos prima la era digital y las redes sociales. Bajo este concepto, las redes sociales deben servir a la actividad periodística, para obtener una información más completa, interesante y enriquecedora para el público al que nos dirigimos, siempre que esté debidamente verificada y filtrada.

Responsabilidad social

Como toda disciplina profesional, el comunicador social debe ejercer un código de ética para ejercer un periodismo responsable, en el que se engloban, principios, valores y obligaciones del oficio del periodista.

Según la página virtual de Red, Ética y Periodismo (2013) hay cientos de códigos de conducta, cartas y declaraciones de los medios de comunicación. Y son los grupos de profesionales en este campo los que contienen los principios, valores y obligaciones del oficio del periodista. La mayoría de ellos se enfoca en cinco temas comunes:

Tabla 1 - Códigos del comunicador social

Códigos de conducta del comunicador social.	
Verdad y Precisión	Aunque los periodistas no siempre pueden garantizar la "verdad" de la información que difunden al 100%, si pueden obtener los hechos con exactitud. El comunicador, siempre debe procurar la precisión, garantizando que los datos obtenidos, están verificados Aclarar cuando la noticia responde.
Independencia	Los periodistas deben ejercer su profesión independientemente, sin responder a intereses políticos, empresariales o culturales.
La equidad y la imparcialidad	Las informaciones deben ser equilibradas, contrastadas y presentadas con contexto. La noticia siempre tiene dos lados, y en lo posible hay que dar espacio a ambas versiones del tema a publicar. "La objetividad no siempre es posible, y puede no ser siempre deseable (al narrar por ejemplo, actos de extrema brutalidad o crueldad), pero informar imparcialmente genera credibilidad y confianza".
Humanidad	Las noticias que generen los periodistas no deben tener como objetivo dañar la imagen de nadie o herir a alguna persona.. El comunicador debe ser consciente del impacto de las palabras o de las imágenes que publica.
Responsabilidad	Una señal segura de profesionalismo y periodismo responsable es la capacidad del comunicador al asumir su responsabilidad. Cuando comete errores, los corrige y manifiesta las debidas disculpas y explicaciones.

Elaborado a partir de la página virtual de Red, Ética y Periodismo

Los miembros de la Red de Periodismo Ético (EJN, siglas en inglés) no consideran necesario añadir nuevas normas para regular la actividad periodística. Apoyan sin embargo "la creación de un marco jurídico y social, que anime a los periodistas a respetar y seguir los valores de su oficio". Ellos consideran que tomar en cuenta estas recomendaciones contribuye a que los periodistas y los medios de comunicación ejerzan un liderazgo de respecto a la libertad de expresión ética. "Lo que es bueno para el periodismo también es bueno para otras personas que utilizan internet o los medios de comunicación en línea para expresarse públicamente", enfatiza la página EJN.

Técnicas de verificación

David Brewer, editor de Media Helping Media, para la IJNET (2012) indicó que la verificación de información para los periodistas, "es un apoyo fundamental del periodismo. Internet ofrece una variedad de herramientas de consulta casi instantánea sobre la información que se produce minuto a minuto"

El mismo autor señala tres pasos que engloban al periodismo: "encontrar datos, interpretar su importancia y luego compartir esta información con la audiencia". Es así que se indica que es necesario la comprobación de la información obtenida a través de mecanismos fuertes, que ayuden a distinguir la realidad del chisme.

Por otra parte, la revista, **Emergency Journalism**, (2012), recomienda en su sitio web, las siguientes herramientas para la verificación de datos:

Personas, lugares, imágenes.

Tabla 2 - Herramientas de verificación de información

ELEMENTOS	HERRAMIENTAS	DESCRIPCION
Personas	**WHO IS**	Busca fechas de registro, ubicación y datos de contacto de usuarios
	Spokeo	Búsqueda de personas por nombre, e'mail o teléfono
	Hoverme	Muestra perfiles de usuarios en redes y medios sociales
	Identify	Crea perfil a partir de medios y redes sociales
	Klout	Mide influencia de usuarios en redes sociales a través de tuits
Lugares	Google Maps	Opciones de visualización, como "Street View"
	Panoramio	Panorama de fotos geo-localizadas
	TinEye	Permite averiguar el origen de una imagen (original o copia)
Imágenes	**Búsqueda de imágenes en Google**	Se usa la URL de una imagen para encontrar imágenes relacionadas
	Foto Forensics	Analiza el nivel de error para indicar las partes de una imagen que pueden haber sido alteradas

Realizado a partir de Emergency Journalism, (2012)

Otros expertos, recomiendan a los comunicadores algunas alternativas, a la hora de verificar una información, como hacer preguntas, seguir procedimientos, revisar el contenido:

Paul Bradshaw (2011) indica que en caso de tomar una información de las redes sociales se debe preguntar: ¿Desde cuándo existe la cuenta?, ¿Cuál fue la primera cuenta que siguió?, ¿a quién se dirige en sus menciones? De esa manera se obtiene una noción de veracidad, y en caso de ser factible, lo más recomendable e**s dirigirse directamente a la persona**.

Jaroslav Valuch, (2011) bajo la misma situación, destaca la necesidad de revisar la red de los seguidores de las cuentas, así como en el contenido de los tweets. Al igual que Bradshaw, el consejo final es contactarse con la persona.

Craig Kanalley, **(2011) refiere que se debe prestar atención al contenido de la información posteado en la red social, debido a que por ejemplo** la mayoría de usuarios publica varios tweets relacionados al evento, y no solo uno.

Andy Carvin, **(2011) afirma que se debe** interactuar directamente con las fuentes a través de Skype, el correo electrónico y otros medios para obtener información. Carvin habla con las fuentes, y no duda en pedir ayuda a sus seguidores para confirmar datos. A su criterio, la conversación y la interacción son en muchos casos la mejor forma de avanzar hacia la verificación.

En el blog ALT 1024 (2015) se enfatiza que las redes sociales virtuales innovan la forma de hacer periodismo, y que cada usuario es fuente de información. Sin embargo no todo lo que circula en estas redes es verídico. De aquí surge la interrogante que si las redes sociales convierten a todos los usuarios en fuentes de información, entonces, ¿cuál es el papel de los periodistas y medios de comunicación antes de que esa información se convierta en una noticia? En este marco, se debe destacar la responsabilidad social que tienen los periodistas y los medios de comunicación de llegar a la ciudadanía con noticias reales, veraces y debidamente contrastadas.

En contexto, se deduce que el nuevo rol de los periodistas y medios de comunicación es el de verificar y filtrar la información veraz, a fin de emitir a su público noticias reales. Sin embargo, algunos medios pasan por alto esos lineamientos por la premura de dar la primicia, pero cuando se hace público el material noticioso, son los mismos usuarios virtuales, los que sacan a la luz esta negligencia cometida por periodistas y medios de comunicación que deben trabajar con el concepto de responsabilidad social.

El blog, cita:

> El 3 de julio de 2015, dos medios reconocidos redactaron y publicaron una noticia con una fuente inexistente, se trataba de la cuenta falsa creada a nombre del jugador español Juan Miguel Callejón en Facebook, que utilizó una imagen de hace dos años, compartida el 24 de agosto de 2013, tomada de la cuenta oficial del futbolista en Instagram. El jugador no tiene perfil en Facebook, reveló el periodista Roberto Acosta y lo verificó en comunicación con el futbolista. El deportista tampoco tiene ninguna cuenta personal en Twitter, sin embargo, existen varios perfiles

de sus fans, uno de ellos, que es seguido por su hermano José Callejón (@J21Calleti, cuenta oficial), señala que "JUANMI NO TIENE TWITTER". Entonces, cualquier anuncio sobre su futuro laboral lo hubiera hecho desde Instagram.

Esta referencia, es solo una muestra de los tantos errores periodísticos que se han cometido de parte de ciertos comunicadores, que lejos de acudir al origen de la información, toman como única fuente la que circula en las redes sociales, difundida la mayoría de las veces por personas que no tienen conocimientos periodísticos y menos sentido de la responsabilidad social que genera el compartir información a la comunidad.

Se reflexiona entonces: ¿Cómo verificar la autenticidad de una cuenta en una red social, fuente primaria, en el periodismo?

El mismo blog, señala, las nueve maneras de verificar la fuente informativa en las redes sociales:

Tabla 3. Características para la verificación de la información

ELEMENTOS	DESCRIPCIÓN
Las cuentas institucionales	Indicador que puede indicar el origen y autenticidad de las redes sociales
Número de seguidores	Puede indicar la cantidad de seguidores que el protagonista de la información tiene en las redes sociales.
Antigüedad de la cuenta	Cuánto más antigua sea la cuenta, habrá mayor posibilidad de verificar
Mensajes publicados	Verifica si todo el contenido publicado, como textos, foto, publicados en la red pertenecen a otra cuenta.
Blog o la web y otro perfil en diferente red social	Veracidad del blog, o la página web que publica la información. Si la fuente tiene o no otros perfiles.
Consulta directa a fuente	De ser posible verificar directamente con la fuente, o con su entorno real para verificar la autenticidad de la noticia.
La propia red social	La cuenta virtual está verificada por la red, si a lado del nombre aparece un visto
Bio	Verifica si la foto publicada tiene enlace a otras cuentas
Interacción virtual	Comprobar el número de seguidores de la cuenta

Realizado a partir de blog ALT 1024

Ante la demanda social de verificación de la información que circula en las redes sociales, Google como padre de las redes sociales estableció sus propias herramientas para verificar que lo que se emita y use en la red con carácter informativo, cumpla con la veracidad y la responsabilidad que la actividad comunicacional requiere.

Dicho motor de búsqueda anunció en América Latina (2017) su etiqueta de "verificación de hechos" en Google Noticias. Se trata de un mecanismo que otorga mayor credibilidad a los textos a partir del trabajo de organizaciones específicas que realizan "rigurosas comprobaciones" de la información publicada:

> Los usuarios en estos países podrán ver los artículos etiquetados en la caja de historias ampliadas en *news.google.com* y en las aplicaciones de Noticias y Tiempo de Google para iOS y Android. La etiqueta también está disponible en el modo de noticias de las búsquedas.

Es decir, cuando se hace un clic en la pestaña 'Noticias' se activa los artículos con comprobación y una etiqueta de 'Verificación de hechos' aparecerá junto a ellos. Dicho mecanismo fue implementado desde octubre de 2017, en Estados Unidos y Reino Unido, luego en Alemania y Francia, y ahora llega a los países de la región Latinoamericana. Esta medida de comprobación es posible gracias a acuerdos con medios de verificación de hechos, realizados con Brasil, México y Argentina.

Richard Gingras, (2017), vicepresidente de Google News, señaló que la verificación de los hechos, se ha convertido en los últimos años en un área del periodismo de rápido crecimiento para las organizaciones de noticias tradicionales y nuevas. Gingras agrega:

> Esperamos llevar la etiqueta de verificación de hechos a otros países de la región. Estamos muy contentos de ver el crecimiento de la comunidad de comprobación de hechos en América Latina y queremos destacar el importante trabajo que hace para distinguir la realidad de la ficción, la sabiduría del sesgo.

METODOLOGÍA

Los objetivos planteados para esta investigación fueron: a) Analizar las fuentes de confirmación de la información utilizadas por los comunicadores sociales. b) Identificar los procedimientos para el contraste de la información en otros países. c) Diseñar una propuesta de aplicación profesional para la verificación de la información, procurando la responsabilidad periodística.

El enfoque de la presente investigación fue cualitativo, para lo cual se realizó la revisión bibliográfica, recolección y estructuración de datos informativos, clasificando sus elementos para observar las causas, la naturaleza y los efectos, utilizando como método teórico la investigación analítica, la cual permitió profundizarse en los parámetros del problema planteado y la aplicación de los marcos legales pertinentes, que regulan este tipo de actividad comunicacional.

Las técnicas de recolección de información, además, se realizó a través de grupos focales a profesionales de la comunicación, directores, editores, periodistas, gestores de redes sociales (que utilizan los datos noticiosos publicados en las redes sociales como insumo de trabajo diario) a quienes se aplicó un cuestionario de preguntas abiertas y cerradas sobre el uso de redes y la verificación de información.

RESULTADOS

Las edades de los participantes del grupo focal para esta investigación fueron el 17% entre de 26 y 36 años el 17% y el 83% restante entre 36 a 46 años, 40% varones y 60% mujeres, 15% propietarios, 15% directivos y 70% empleados de medios de comunicación, lo cual demuestra que en su mayoría eran periodistas con varios años laborando en medios y en mayor número del sexo femenino.

Respecto al medio en que laboran, el 5 % indicó que trabaja en medio impreso, el 20% en medio televisivo, el 30% en digital y el otro 45% trabaja en medio radial. El 15% respondió que utiliza poco las redes sociales y el 85% las usa mucho. Cifras que refieren el creciente uso de las redes sociales para la generación de la información y la alta presencia de los medios radiales, quienes también hacen un alto uso de las redes para buscar información.

El 55% de ellos indicaron que utilizan Twitter como fuente de información, el 25% refirió que utiliza Facebook y el 20% restante indicó que otras redes, lo cual revela la alta preferencia por la red social Twitter como plataforma comunicación de la que realizan consulta los periodistas.

Se les consultó también en qué grado, el uso de las redes aporta a la elaboración de la información que se difunde en los medios de comunicación, versus las fuentes tradicionales: el 15% lo ubica en el nivel 2, otro 15% en el nivel 3, mientras que un 35% escogió el nivel 4 y otro 35% el 5. Este resultado demuestra que el 70% de los comunicadores sociales consideran que dicha herramienta digital, como son las redes sociales, son de gran aporte y soporte como fuente informativa, para la mayoría de los periodistas a la hora de generar noticias.

En lo que respecta a la garantía que da el uso de internet en la obtención de datos más actualizados: el 4 % lo coloca en un nivel 3, el 40% lo coloca en el nivel 4 y el 40% restante indica también un grado de importancia de 5. Es decir que el 80% de los periodistas considera que existe un elevado aporte de internet otorgando datos más actualizados.

Sobre la verificación de información revisada u obtenida en red, el 10% respondió que no la verifica y el 90% sí, y el 100% de los participantes, considera que las redes sociales, acelera en la actualidad la producción de noticias; lo cual demuestra que existe un gran porcentaje de comunicadores con responsabilidad social.

Al consultar si consideran que existe un manejo irresponsable en el uso de las redes sociales para la elaboración de noticias, el 5% lo ubicó en el nivel 1, el 10% en el 2, 40% en el 3, 10% en el 4 y 35% en el 5. Esto demuestra que existe un gran número de periodistas que refiere que existe un manejo irresponsable en el uso de las redes sociales para la generación de información.

Con los datos obtenidos se puede indicar la vinculación acutal del periodista con las redes y la progresiva necesidad de hacer uso del internet para la obtención inmediata de información, sin embargo también se consideró que dichos datos deben pasar por un filtro que permita revisar la veracidad de los mismos.

Es así que como último elemento se recopiló formas de verificación de datos de los periodistas participantes en sus medios de comunicación y sugerencias para el comunicador social que encuentra información en las redes sociales, en base a los cuales se elaboró la propuesta de verificación de la información para la praxis de un periodismo responsable:

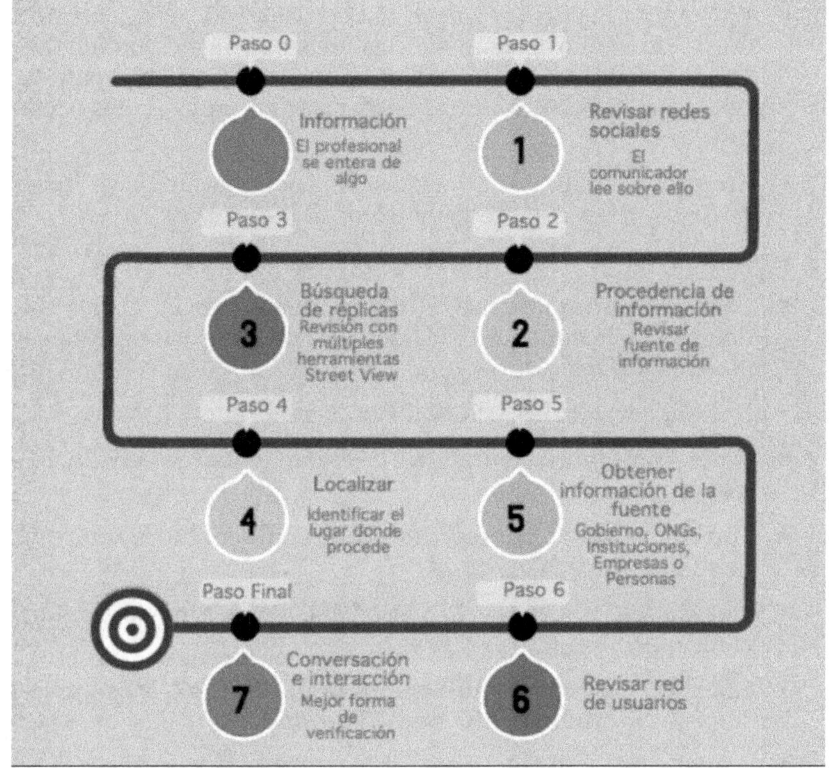

Realizado por las autoras en base de las opiniones y sugerencias expresadas por los participantes del grupo focal de periodistas participantes en la presente investigación.

CONCLUSIONES

Es viable y pertinente usar las redes sociales como una de las fuentes de información para el periodismo actual, debido a que la globalización y la tecnología del siglo XXI, permite de manera más rápida y efectiva obtener datos.

El profesional de la comunicación debe investigar, verificar y contrastar todo dato informativo que llegue a sus manos a través de las redes sociales, para garantizar que la información final que llegará a la ciudadanía será veráz y confiable.

Siete pasos son necesarios para verificar la información para la praxis de un periodismo responsable: Revisar redes, observar procedencia de información, búsqueda de réplicas, localización geográfica, obtener información de la fuente, revisar la red de usuarios y la conversación e interacción directa con la persona o fuente.

REFERENCIAS BIBLIOGRÁFICAS

- Blog ALT 1024 (2015) Nueve pistas para verificar una fuente primaria de información en las redes sociales. Obtenido de: https://alt1024.wordpress.com/2015/07/03/9-pistas-para-verificar-una-fuente-primaria-de-informacion-en-las-redes-sociales/

- Bradshaw, P (2011). Periodistas dan consejos para la verificación de datos. clasesdeperiodismo.com/2011/06/05/

- Brewer, D. (2012) Media Helping Media, para la IJNET

- Carvin, **A (2011).** Consejos de periodistas para la verificación de datos. Recuperado de: htttp//www.clasesdeperiodismo.com/2011/06/05/

- Domínguez, R (2015). Periodismo Plataforma

- Emergency Journalism, (2012). Herramientas de verificación de datos

- **García, G** (2014). CareerCast. Disponible en: http://www.**marcespin.com/** [*6/05/ 2015]*

- Hernández, R. (2015). El periodista. Revista Alicia Comunicación.com

- Iñaki, **G.. (2012). ¿Qué es el periodismo?** Disponible en: http://www.**marcespin.com/** [*6/05/ 2015]*

- Kanalley, **C (2011).** Consejos de periodistas para la verificación de datos. Recuperado de: htttp//www.clasesdeperiodismo.com/2011/06/05/

- Pujol, R. (2015). Las redes sociales en periodismo. Revista Alicia Comunicación.com

- Red, Ética y Periodismo (2013) El periodismo ético se resumen en 5 principios: EJN – Ética Segura

- Valuch, J (2011). Consejos de periodistas para la verificación de datos. Recuperado de: htttp//www.clasesdeperiodismo.com/2011/06/05/

- **Vargas Llosa, M**. (2006) **Diario El País.** Disponible en: http://www.**marcespin.com/** [*6/05/ 2015]*

- **Verbitsky, H (2015). Introducción al Periodismo.**

- Wordpress.com (2013). Cronología de la evolución de las comunicaciones. Obtenido de: https://nuestracultura13.wordpress.com/2013/02/11/cronologia-de-la-evolucion-de-las-comunicaciones/

*Este libro se terminó de elaborar
en diciembre de 2017
en la ciudad de Sevilla,
bajo los cuidados de
Francisco Anaya Benítez,
Director de Egregius Ediciones.*